Rolf Krenzer

Elternabend

Hilfen zur Vorbereitung und Durchführung

Verlag Ernst Kaufmann

Die Deutsche Bibliothek – CIP-Einheitsaufnahme

Krenzer, Rolf:
Elternabend: Hilfen zur Vorbereitung und Durchführung /
Rolf Krenzer. – 1. Aufl. – Lahr: Kaufmann, 1995
ISBN 3-7806-2381-1

1. Auflage 1995

Umschlaggestaltung: JAC
Hergestellt bei Präzis-Druck GmbH, Karlsruhe
ISBN 3-7806-2381-1

Inhaltsverzeichnis

Vorwort

Über mehrere Jahre hinweg übernehmen Eltern und Erzieherinnen gemeinsam die Aufgabe, die Kinder zu begleiten, zu fördern und in ihrer Persönlichkeit zu stärken. Wenn die Kinder den Kindergarten verlassen, sollen sie gut vorbereitet sein, um den weitaus schwierigeren Weg durch die Schulzeit zu gehen.

Je mehr die Eltern und Erzieherinnen voneinander wissen, je besser wird die Arbeit gelingen. Daher ist zwischen Elternhaus und Kindergarten die Kontaktpflege besonders wichtig.

Nicht alle Eltern gehen von sich aus auf die Erzieherinnen zu. Oft sind es gerade solche Eltern, die im Interesse ihrer Kinder den intensiven Kontakt mit den Erzieherinnen des Kindergartens dringend benötigten, um Schwierigkeiten abzubauen, Probleme zu lösen usw.

Eine gute Möglichkeit, Beziehungen zwischen Kindergarten und Elternhaus anzubahnen, stellt der erste Elternabend dar, dem, wenn er die Eltern wirklich anspricht, weitere Elternabende mit unterschiedlicher Thematik, Elternseminare und Gesprächstreffs folgen können, die Eltern so stark aktivieren können, daß sie zu echten Partnern des Kindergartens werden. Besonders ist die tatkräftige Mitarbeit eines engagierten Kindergartenbeirates nicht zu unterschätzen.

Wer Elternabende plant und wem an einer engen, von gegenseitigem Vertrauen getragenen Zusammenarbeit mit den Eltern seiner Gruppe/seines Kindergartens gelegen ist, der findet hier zahlreiche Hinweise und Beispiele, wie ein solcher Elternabend vorbereitet und durchgeführt werden kann. Hinzu kommen viele konkrete Vorschläge und Materialien, die unmittelbar in die eigene Arbeit übernommen werden können.

Der Elternabend – eine Brücke zwischen Elternhaus und Kindergarten

Besonders junge Erzieherinnen und Anfängerinnen im Kindergarten haben ihre Vorbehalte und Schwierigkeiten, wenn sie daran denken, daß im Verlauf des Kindergartenjahres verschiedene Elternabende durchgeführt werden sollen. Auch erfahrene Leiterinnen sehen mit einer gewissen Anspannung einem solchen Abend entgegen. Werden die Eltern überhaupt kommen? Welche Erwartungen haben sie? Wie kann man die Eltern für die Arbeit im Kindergarten gewinnen?

Alle Erzieherinnen wünschen sich einen anregenden Abend, gute Gespräche und vor allem keine Auseinandersetzungen. Vielleicht erhoffen sie sich auch Unterstützung bei bevorstehenden schwierigen Problemen.

Keine Erzieherin wird von sich behaupten, daß sie ganz unbefangen und aus der Situation heraus einen Elternabend meistern kann. Schon die Begrüßung kann für diejenigen, die sonst selten oder nie vor einer größeren Zahl Erwachsener sprechen müssen, zum Problem werden. Werde ich zu einem Elternabend im Kindergarten als Referent eingeladen, erlebe ich gelegentlich, wie aufgeregt die Leiterin vorher ist. Sie befürchtet, keinen Ton bei der Begrüßung oder Einführung in das Thema herauszubringen. Und dann staunt sie später über sich selbst, wie gut ihr alles trotz ihrer Befangenheit und Aufregung gelungen ist.

Mit dieser kleinen Arbeit will ich Ihnen Mut machen zu dem schwierigen Unternehmen „Elternabend". Ich werde Ihnen Vorschläge unterbreiten, die Sie übernehmen oder durch andere ersetzen können. In jedem Fall sollen sie Ihnen dazu verhelfen, daß Sie selbstsicherer in die Vorbereitung und Durchführung eines Elternabends hineingehen und Ihnen solche Begegnungen nach und nach sogar Freude machen.

Eltern und Erzieherinnen sind nun mal für ein paar Jahre ganz intensiv aufeinander angewiesen. Je mehr sie voneinander wissen, je öfter und intensiver sie miteinander sprechen, um so besser kann im Kindergarten wie zu Hause eine optimale Erziehung gelingen.

Erwartungen der Erzieherinnen

In der Hektik des Kindergartenalltags fehlen Zeit und Muße zum gegenseitigen Kennenlernen. Beim Abholen und Bringen der Kinder, zwischen Tür und Angel kann es nur flüchtige Gespräche geben, ganz kurze Informationen, weil diese Begegnungen in eine Zeit fallen, die zu den turbulentesten des Tages gehört, nämlich morgens, wenn von allen Seiten die Kinder kommen oder mittags bzw. nachmittags, wenn sie den Kindergarten verlassen. Da müssen Sie dem einen Kind helfen, die Schuhe anzuziehen. Ein anderes kommt mit dem Zuknöpfen seines Mantels noch nicht zurecht, und ein drittes muß unbedingt noch einmal zur Toilette. Sie brauchen mehr als zwei Hände zugleich und können in dieser Hauptstoßzeit nicht auch noch näher auf die Mutter eingehen, obwohl viele Mütter gerne mit Ihnen reden und einen Rat für ein Problem von Ihnen wollen, das für sie außerordentlich wichtig ist.

Gewiß können Sie mit einzelnen Eltern Gesprächstermine vereinbaren. Beim Elternabend haben Sie jedoch die Mehrzahl der Eltern vor sich und können dort Probleme ansprechen, die bei fast allen Eltern immer wieder auftauchen und Fragen beantworten, die alle betreffen.

Natürlich erwarten Sie, daß an einem solchen Abend alle Eltern Ihrer Kinder kommen, und sind enttäuscht, wenn es nur wenige, und dann meistens nur Mütter sind. Trösten Sie sich, daß bei Ihnen immer noch mehr Eltern kommen als später oft zu den Einladungen der Schule.

Bedenken Sie auch, daß immer noch einige Väter meinen, die Erziehung von Kindern und also auch die Zusammenarbeit mit dem Kindergarten oder der Grundschule (hier ganz besonders die Teilnahme an Elternabenden usw.) sei vorrangig Aufgabe ihrer Frau. Sie habe sich darum zu kümmern, solle also auch zu den Elternabenden gehen und ihn dort vertreten. Zudem ist es durchaus möglich, daß Sie von solchen Männern nicht als gleichwertige und gleichberechtigte Erziehungspartner angesehen werden. Nicht nur weil Sie eine Frau, sondern weil Sie oft auch jünger sind. Hoffen wir, daß diese Art von Vätern bald ausstirbt! Es sind leider genau Männer mit solchen Einstellungen, die dann, wenn sie in kommunalen oder höheren politischen Gremien sitzen und Entscheidungshilfen liefern sollten, überhaupt keine Ahnung von Ihrer Arbeit haben und seit Jahren dafür verantwortlich sind, daß Sie so schlecht bezahlt werden.

Gott sei Dank hat sich das Denken vieler Männer in den letzten Jahren wesentlich verändert. Es gibt viele junge Familienväter, und es werden immer mehr, die erkannt haben, daß ihre Hilfe und Unterstützung wichtig sind. Eine Chance, solche Väter ausfindig zu machen, ergibt sich am Elternabend.

Daß viele Väter bei den Elternabenden fehlen, kann aber auch daran liegen, daß sie sich von dem Inhalt nicht angesprochen fühlen, daß sie manches als Kinderkram abtun und es darum nicht in Betracht ziehen, hinzugehen. Wenn Sie aber das Angebot attraktiv machen, fühlen auch sie sich angesprochen. Eine alte Erfahrung ist: Väter, die einmal an einem Elternabend da waren und denen es dort gefallen hat, kommen wieder. Und oft fühlen sich dadurch andere Väter angeregt, beim nächsten Mal auch mitzukommen.

Drei Väter

Ich war eingeladen, um an einem Elternabend des Kindergartens lustige Lieder und Spiele für den Kindergeburtstag vorzustellen. Meist folgen derartigen Einladungen nur Mütter. Dieses Mal aber war es anders. Von den dreiundzwanzig Teilnehmern waren drei Männer.

„Ja, bei uns ist das anders!" sagte einer. „Immer wenn Elternabend ist, sind wir auch dabei."

„Alle drei!" betonte der zweite Vater.

„Ohne uns drei läuft nichts!" bestätigte der dritte und erhielt sogleich lauten Beifall von den Müttern.

Es wurde ein Abend, den ich nicht vergessen habe. Die Väter steckten mit ihrer guten Laune alle an. Sie hatten offensichtlich ihre helle Freude daran.

Zum Schluß sangen wir noch das Bärenschlaflied. Einer mußte der müde Bär sein, der sich mitten im Kreis auf den Boden legte und einschlafen wollte. Wir sangen dazu und streichelten den müden Bär ganz zart. Kein Wunder, daß es nicht bei diesem einen Bär blieb. Die beiden anderen Väter wollten auch in den Schlaf gestreichelt werden.

Wir saßen an diesem Abend noch lange zusammen. Ich erfuhr, daß einer der Väter seine Frau verloren hat und jetzt „Alleinerziehender" ist, wie das heute heißt.

„Wir wohnen mit meinen Eltern zusammen", erzählte er, „und meiner kleinen Petra geht nichts ab. Ich versuche eben, ihr Vater und Mutter zu sein. Deshalb bin ich auch zum Elternabend gekommen."

Damit er nicht der einzige Vater ist, geht sein Freund regelmäßig mit. „Sonst hätte ich meine Frau sicher allein gehen lassen", meint er. Und er fährt fort: „Aber jetzt bin ich froh, daß ich immer dabei bin. Wir freuen uns beide auf die Elternabende."

Der dritte Vater war zum ersten Mal gekommen. Seine Frau war krank geworden und hatte ihn gedrängt zu gehen. „Es hat mir gefallen", lachte er. „Ich hätte nicht gedacht, daß ich so ausgelassen sein kann."

Die Zeit ist so kurz, in der unsere Kinder klein sind, daß wir Eltern sie bewußt genießen sollten. Wie lange noch wird man uns zu Elternabenden des Kindergartens oder der Schule einladen?

Für Sie sind Elternabende wichtig, um die Eltern besser kennenzulernen. So können Sie einschätzen, wie es um eine mögliche Zusammenarbeit bestellt ist: Wo ist Hilfe zu erwarten? Wo müssen Sie sich auf Gleichgültigkeit oder sogar auf Widerstand gefaßt machen. Sie werden bald merken, daß es Eltern gibt, die sich auch bei einem Elternabend alles geduldig anhören, ohne selbst etwas zur Änderung einer unerfreulichen Situation beizutragen. Auf der anderen Seite gibt es Eltern, die sich übereifrig um das sorgen, was mit ihrem Kind geschieht, und selbst mit Anregungen bis hin zu Vorschriften kommen möchten. Natürlich ist das Mittelmaß am besten.

Der Elternabend gibt Ihnen Gelegenheit, alles was Elternhaus und Kindergarten gleichermaßen berührt, zur Sprache zu bringen.

- Sie möchten den Eltern die Anliegen Ihrer Arbeit im Kindergarten vortragen und mit ihnen darüber sprechen.
- Sie möchten die Probleme schildern, die im Kindergartenalltag entstehen oder entstehen können, und mit den Eltern mögliche Abhilfe beraten.
- Sie möchten von den schönen Dingen erzählen, die Tag für Tag im Kindergarten passieren, und die Eltern daran Anteil nehmen lassen.
- Sie möchten ein interessantes Thema aus der Kindergartenpädagogik in den Mittelpunkt eines solchen Abends stellen – ein Thema, das Ihnen im Hinblick auf Ihre Kinder besonders wichtig erscheint. Hierzu möchten Sie eine Referentin oder einen Referenten einladen.
- Probleme der religiösen Erziehung müssen besprochen werden. Das betrifft nicht nur Eltern, die aus der Kirche ausgetreten sind, Eltern unterschiedlicher Konfession, sondern auch ausländische Eltern, z. B. Muslime, Buddhisten usw.
- Zu besonderen Anlässen möchten Sie den Eltern neue Beschäftigungs- und Arbeitsmittel vorstellen, Anregungen für Weihnachtsgeschenke geben oder eine Bilderbuch- oder Spielzeugausstellung organisieren.

- Oft entspricht das Frühstück, das die Kinder mit in den Kindergarten bringen, nicht den modernen Ernährungsvorschlägen für Kinder im Kindergartenalter. Allein, mit dem ganzen Erzieherinnen-Team oder mit Hilfe eines Referenten oder einer Referentin vom Gesundheitsamt oder einer Krankenkasse machen Sie Eltern Vorschläge für bessere Ernährungsmöglichkeiten und können in kleinen Gruppen anschließend weiter darüber beraten.
- Sonstige Themen der Gesundheitserziehung (Einladung eines Kinderarztes, eines Zahnarztes) sind ebenso wichtig wie eine detaillierte Information über Drogenabhängigkeit usw. Auch hier können Sie auf Fachleute im Gesundheitsamt, in der Familienfürsorge usw. zurückgreifen, für deren Honorar der Träger Ihres Kindergartens aufkommen muß.
- Der Einfluß des Fernsehens ist immer wieder berechtigterweise wichtiger Gegenstand eines Elternabends. Doch das Verteufeln allein genügt nicht. Machen Sie den Eltern realisierbare Vorschläge zum vernünftigen Umgang mit dem Fernsehen. Zeigen Sie ihnen darüber hinaus Möglichkeiten sinnvoller Freizeitbeschäftigung (Liedvorschläge, Spielhinweise usw.).
- Besondere Aktivitäten vom Kindergarten aus erfordern auch besonders intensive Zusammenarbeit mit den Eltern. Beim Elternabend kann darüber gesprochen werden, z. B.: Die Kinder schlafen eine Nacht im Kindergarten. Ein gemeinsames Frühstück mit den Eltern soll dieses „Abenteuer“ abschließen.

  Mit allen Gruppen des Kindergartens wird ein Familiengottesdienst in der Kirche oder im Gemeindezentrum vorbereitet.

  Zur Vorbereitung eines bestimmten Festes werden viele Helfer gebraucht.

  Eine Wanderung, ein Ausflug, der Besuch eines Kindertheaters sind vorgesehen. Wer hilft bei der Betreuung der Kinder?

Sie möchten einmal oder regelmäßig mit den Kindern ein nahegelegenes Hallenbad besuchen. Wer kommt mit?

Erwartungen der Eltern

Für viele Eltern, zumindest für viele Mütter, ist es nicht immer einfach, sich für einen Abend von zu Hause zu lösen. Trifft der Termin mit einem bereits feststehenden Termin des Ehemannes zusammen, muß jemand gesucht werden, der sich an diesem Abend um das Kind kümmert. Je mehr Kinder da sind, um so schwieriger wird das. Wohnen die Großeltern oder Freunde in der Nähe, ergeben sich oft spontane und schnelle Hilfen. Auch auf Babysitter kann man im Notfall zurückgreifen.

Schwieriger ist es sicherlich, wenn es sich um alleinerziehende Mütter oder Väter handelt. Wenn keine Eltern oder Freunde zur Verfügung stehen, wird man es sich reiflich überlegen müssen, ob es sich lohnt, nun auch noch für diesen Abend zusätzliches Geld für einen Babysitter zu investieren.

Sie sollten daran denken, das vorgesehene Ende des Elternabends mit der Einladung bereits bekanntzugeben, und sich dann später auch tatsächlich daran halten.

Wer zum Elternabend in den Kindergarten kommt, hat in der Regel ein arbeitsreiches Tagewerk hinter sich und opfert die Zeit, in der er bzw. sie sich sonst vielleicht vor dem Fernseher entspannt oder die für Freizeitaktivitäten genützt wird.

Es gibt aber in jeder Gruppe sehr engagierte Eltern, die sich der Wichtigkeit der Elternabende sehr bewußt sind und oft selbst Anregungen dazu geben.

- Eltern möchten wissen, was im Kindergarten gearbeitet wird, worauf besonderer Wert gelegt wird, welche Arbeitsmittel im Kindergarten benutzt werden und was sie selbst eventuell für zu Hause anschaffen können.

- Engagierte Eltern möchten über moderne Aspekte einer Gesundheitsvorsorge im Vorschulalter informiert werden, auch über Gefahren, Krankheiten usw.
- Immer dann, wenn durch Presseveröffentlichungen oder Fernsehberichte zu bestimmten Themen Unsicherheiten und Fragen ausgelöst werden, sind viele Eltern dankbar, hierüber an einem Elternabend einmal mit anderen Eltern und Erzieherinnen sprechen zu können.
- Junge Familien sind ganz auf das Kind konzentriert, sie sind für alles aufgeschlossen, was damit zusammenhängt, und holen sich gern Anregungen auf einem Elternabend.
- Verantwortungsbewußte Eltern wissen, wie wichtig es für die harmonische Entwicklung ihres Kindes ist, daß alle, die an seiner Erziehung beteiligt sind, intensiv zusammenarbeiten und daß die Transparenz des Kindergartens für die Eltern ebenso notwendig ist, wie es für die Erzieherin wichtig ist, mehr von dem häuslichen Umfeld des Kindes kennen zu lernen, das sie in ihrer Gruppe hat.

Elternabende, die gut geplant, vorbereitet und durchgeführt werden, stellen eine notwendige Ergänzung und Bereicherung der Arbeit im Kindergarten dar. Aus Elternabenden können sich auch Elternseminare und -gesprächsrunden entwickeln, in denen alle voneinander im Interesse ihrer Kinder lernen. Hier könnten beispielsweise auch erprobte neue Wege der Pädagogik und Verhaltenstherapie thematisiert und gemeinsam erarbeitet werden.

Der äußere Rahmen

Der Raum

Wenn es irgendwie geht, sollte man direkt in den Kindergarten einladen. Hier ist die Atmosphäre, in der Sie selbst sich am sichersten fühlen. Und in Ihren eigenen vertrauten Räumen können Sie eine bessere Gastgeberin sein. Hinzu kommt, daß die Räume des Kindergartens in der Regel besonders schön geschmückt sind, daß viele Arbeiten von Kindern und Erzieherinnen ausgestellt und aufgehängt sind und daß die Atmosphäre Gemütlichkeit und Geborgenheit vermittelt – Voraussetzungen, die wesentlich zum Gelingen eines Elternabends beitragen.

Wenn Ihr Kindergarten über einen größeren Raum verfügt (einen Gymnastikraum, einen zentralen großen Feierraum oder ähnliches), dann nehmen Sie diesen.

Die Sitzordnung

Auch die Sitzordnung des Raums ist wichtig. Die besten Gespräche finden *im Kreis* statt. Wenn Sie einen Stuhlkreis aufstellen, können alle einander sehen, niemand sitzt „oben" oder „unten", sondern jede(r) ist gleichwertig und gleichberechtigt. Eine gleichberechtigte Sitzordnung ist hilfreich bei Gesprächen, weil die meisten sich aus dem Kreis heraus viel eher getrauen zu reden und etwas zum Gespräch oder zur Diskussion beizutragen. Im Kreis läßt sich auch besser gemeinsam singen und spielen. Nur wenn es gar nicht anders geht, stellen Sie Stühle im Halbkreis auf. Das kann dann nötig werden, wenn sehr viele Eltern zu einem Elternabend kommen.

Es gibt allerdings auch Elternabende, für die die Sitzordnung im Halbkreis besser geeignet ist, z. B. wenn es weniger um Gespräche miteinander als um reine Informationsveranstaltungen geht. Aber selbst ein Referent, eine Kinderbuch-Autorin, ein Kinderarzt, eine Zahnärztin finden mehr Gehör und Aufmerksamkeit, wenn sie aus dem Kreis heraus sprechen. Sollte im Anschluß an ein Referat oder eine Lesung eine Aussprache geplant sein, ist in jedem Fall von vornherein die Kreisform vorzuziehen.

Ein Problem sind auch die Kinderstühle. Vielen Eltern bereitet es Schwierigkeiten, einen ganzen Abend auf winzigen Stühlen zu sitzen. Außerdem fühlt manch ein Vater sich erst richtig ernst genommen, wenn er auf einem normal hohen Stuhl sitzt. Gut sind die Kindergärten dran, die nah an einem Gemeindezentrum oder in diesem selbst untergebracht sind. Hier gibt es ausreichend viele normale Stühle, so daß alle Erwachsenen bequem sitzen können. In jedem Fall ist es aber besser, diese Stühle zum Elternabend in Ihren Kindergartenraum zu holen, als den Abend in einem fremden Raum durchzuführen.

Bei Elternabenden wird nicht viel mitgeschrieben. Deshalb brauchen Sie auch keine Tische aufzustellen. Das Sitzen hinter Tischen verstärkt die Neigung vieler Menschen, sich zu verstecken, sich anzuklammern. Ein Tisch ist ein zusätzliches Hindernis, aus sich selbst herauszugehen. Sehen Sie Tische also nur vor, wenn Sie etwa ein Seminar anbieten, bei dem sich die Teilnehmer(innen) Notizen machen müssen. Oder für Bastelabende.

Wenn Sie aus unterschiedlichen Gründen gezwungen sind, den Elternabend in einem Raum außerhalb des Kindergartens durchzuführen, sollten Sie den Raum so vorbereiten, daß er den Eltern und Ihnen etwas Geborgenheit vermittelt. Ein Blumenstrauß auf dem Pult oder in der Mitte, ein paar Kinderarbeiten aufgestellt und aufgehängt, dekorative Poster aus dem Kindergarten zusätzlich angebracht, sorgen für eine angemessene Umgebung. Sie machen, ohne daß extra darauf hingewiesen werden muß, allen deutlich, daß es sich um einen Elternabend des Kindergartens handelt. Durch die Bilder und Arbeiten der Kinder kann es gelingen, ein bißchen von der Atmosphäre Ihres Kindergartens auch in diesen fremden Versammlungsraum hineinzubringen. Mit den Zeichnungen der Kinder sind auch die Kinder selbst mit ihren Interessen anwesend und immer wieder Mittelpunkt.

Gesprächs- und Arbeitsformen

Wenn Elternabende effektiv und für alle zufriedenstellend sein sollen, dann dürfen sie niemals so ausgerichtet werden, daß nur eine(r) spricht und den anderen nichts anderes übrig bleibt, als zuzuhören und zu schweigen. Auch dürfen Elternabende des Kindergartens nicht in Anonymität verlaufen, d. h. alle sollten sich untereinander mit Namen kennen. Gewiß gibt es einige Eltern, die sich bereits seit langem kennen. Vielleicht sind sie benachbart oder sie sind sich auf Veranstaltungen für „Mutter und Kind" oder auf Spielnachmittagen begegnet.

Alle, die am Elternabend teilnehmen, sollten sich in der Runde einmal kurz mit Namen vorstellen. Wenn jeder dann noch den Namen seines Kindes nennt, das den Kindergarten besucht, wächst sogleich die Vertrautheit, denn diesen Namen haben einige vielleicht schon von ihrem eigene Kind gehört. Vielleicht kennen sie das genannte Kind auch bereits aus Kurzbesuchen im Kindergarten. Nun lernen sie auch die dazugehörigen Eltern kennen.

Auch kann zwischen einem großen Raum und mehreren kleineren Räumen im Laufe eines Abends gewechselt werden. Zum Beispiel kann zunächst im großen Kreis eine Einführung in den Abend gegeben, ein Thema als Einstieg für alle in einem kurzen Referat vorgetragen werden. Zur Aussprache, Vertiefung und Weiterarbeit können sich die Eltern der verschiedenen Kindergartengruppen mit den jeweiligen Erzieherinnen in mehreren Räumen treffen. Je nach Möglichkeit können sich dann alle später zu einer vorher abgesprochenen Zeit im großen Raum zur Aussprache oder zum Abschluß wiedertreffen.

Die Einladung

Grundsätzlich sollten Sie nicht zu kurzfristig und immer schriftlich zu einem Elternabend einladen. Bei Elternabenden der Schule wird vierzehn Tage vorher den Schü-

Kindergarten an der Klingelwiese Datum
Breitscheid

Liebe Eltern,

in diesem Jahr möchten wir zu unserem Sommerfest wieder das ganze Dorf einladen. Das hat sich in den letzten Jahren sehr bewährt, denn es sind viele Besucher gekommen.
Da unsere Mittel im Kindergarten immer geringer werden, möchten wir – wie bereits im vergangenen Jahr – wieder selbstgearbeitete kleine Arbeiten in einem Bazar zum Verkauf anbieten.
Wir haben bereits viele Ideen. Und die ersten Arbeiten sind bereits fertig. Aber ohne Ihre Hilfe schaffen wir zu wenig. Hätten Sie nicht Lust, in den kommenden vier Wochen jeweils donnerstags um 19 Uhr zu uns in den Kindergarten zu kommen und mit uns zu arbeiten?
Unser erstes Treffen ist am Donnerstag, dem 11. Mai. Wir würden uns sehr freuen. Für Material und Kaffee ist gesorgt. Sie können aber auch gern etwas mitbringen. Auch Väter sind eingeladen!

Mit freundlichen Grüßen

Ihr Kindergartenteam

- -

Bitte geben Sie Ihrem Kind den ausgefüllten Abschnitt bis zum 2. 5. mit, damit wir uns darauf einrichten können, wie viele Eltern kommen.

❐ Ja, ich/wir komme(n) mit ____ Personen am Donnerstag, dem 11. Mai

❐ Wir können leider nicht kommen

____
(Name, Unterschrift)

lern die Einladung mitgegeben. Das hat sich bewährt. Wenn Sie sicher sein wollen, daß der Elternabend nicht vergessen wird, können Sie einen oder zwei Tage vorher noch einmal daran erinnern.

Auf den Seiten 17 und 19 finden Sie zwei Beispiele, wie eine Einladung aussehen könnte.

1. Beispiel:

Sie schreiben einen Brief und schildern, worum es Ihnen geht. Fassen Sie sich kurz, sonst wird erfahrungsgemäß der Brief nur überflogen und nicht alles gelesen.

Es empfiehlt sich, solche Briefe mit einem Abschnitt für die Antwort zu versehen und die Rückmeldung terminlich zu begrenzen. Ohne Aufforderung zur Rückantwort ist es leichter, eine Einladung in den Papierkorb zu werfen. Wenn man selbst abschreiben muß, überlegt man es sich oft noch einmal, ob man lieber doch kommt.

2. Beispiel:
Sie laden zu einem Elternabend zur Vorbereitung des Sommerfestes ein.

Kindergarten an der Klingelwiese Datum
Breitscheid

Elternabend am 2.5.19__ im Kindergarten an der Klingelwiese. Beginn: 20 Uhr

Liebe Eltern,

in diesem Jahr möchten wir zu unserem Sommerfest wieder das ganze Dorf einladen. Das hat sich in den letzten Jahren sehr bewährt, denn es sind viele Besucher gekommen. Da unsere Mittel im Kindergarten immer geringer werden, möchten wir – wie bereits im vergangenen Jahr – wieder selbstgearbeitete kleine Arbeiten in einem Bazar zum Verkauf anbieten.
Über das Sommerfest, über den Bazar und über alles, was wir noch bis zu den Sommerferien planen, möchten wir gern mit Ihnen sprechen.
Wir würden uns deshalb sehr freuen, wenn Sie zu unserem Elternabend am 2. 5. um 20 Uhr in den Kindergarten kommen.

Mit freundlichen Grüßen

Das Kindergartenteam

i.A. (Unterschrift)
Leiterin

Auch hier könnte ein angehängter Abschnitt für die schriftliche Rückantwort bewirken, daß mehr Eltern kommen.

Anlässe und Gelegenheiten für Elternabende

Der Elternabend für die „Neuen"

Ein erster Elternabend ist dann nötig, wenn die neuen Kinder im Kindergarten aufgenommen wurden. Voraussetzung ist, daß Sie die Kinder schon etwas kennengelernt haben und auch Ihre ersten Kontakte mit den Eltern selbst im Kindergarten hatten. Die kurzen Gespräche morgens, wenn die Kinder gebracht werden, und mittags oder nachmittags, wenn sie wieder geholt werden, reichen jedoch nicht aus, um den Eltern detailliert zu schildern, was Sie im Kindergarten mit den Kindern machen.

Dieser erste Elternabend ist also notwendig und sollte etwa vier bis sechs Wochen, nachdem Sie die Arbeit mit den neuen Kindern aufgenommen haben, stattfinden. Er dient dem besseren gegenseitigen Kennenlernen, informiert die Eltern über das, was mit den Kindern gearbeitet wird, aber auch darüber, mit welchen Kindern ihr Kind zusammen in eine Gruppe geht und wer die anderen Eltern der Gruppe sind.

Sie haben nun Gelegenheit, den Eltern vorzustellen, was Sie mit den Kindern in den vergangenen Wochen gemacht haben und was Sie für den nächsten überschaubaren Zeitraum planen. Sie können sie darüber informieren, welche Feste Sie feiern wollen und wo Sie die Anwesenheit oder auch gegebenenfalls die Mithilfe erwarten, z. B. beim Familiengottesdienst des Erntedankfestes, beim Martinsumzug, der Advents- oder Weihnachtsfeier. Erläutern Sie den Eltern, wie der Tagesablauf im Kindergarten aussieht, worauf Sie besonderen Wert legen, an welche Regeln die Kinder sich halten müssen usw.

Im Anschluß an Ihre Ausführungen geben Sie den Eltern die Möglichkeit, sich zu äußern und das loszuwerden, was sie bedrückt oder was sie Ihnen oder den anderen Eltern mitteilen oder vorschlagen möchten.

Ein ausgeführtes Beispiel für einen Elternabend mit den Eltern der neu aufgenommenen Kinder finden Sie auf Seite 63 ff.

Kindergartenbeiratswahl

Oft ist mit dem ersten Elternabend für die „Neuen" die Kindergartenbeiratswahl verbunden. Man kann für die Wahl aber auch einen eigenen Abend ansetzen.

Anders als beim Klassenelternbeirat in der Schule, der per Gesetz vorgeschrieben ist, geht es beim Kindergartenbeirat weniger bürokratisch zu. Ob die einzelnen Gruppen jeweils einen eigenen Gruppenbeirat haben oder der ganze Kindergarten nur einen, liegt an der Größe der betreffenden Einrichtung.

Die Aufgabe der gewählten Elternsprecher und -innen ist es, Ihnen mit Rat und Tat zur Seite zu stehen. Der Elternbeirat wird auch in die Gespräche mit dem Träger des Kindergartens eingeschaltet. Wenn es Ihnen gelingt, die Mütter und Väter, die dem Beirat angehören, detailliert über die Arbeit im Kindergarten zu informieren, wenn Sie Ihre Sorgen und Nöte überzeugend darstellen, finden Sie sicher im Beirat einen treuen und starken Mitkämpfer. Sie brauchen nicht mehr allein gegenüber dem Träger bestimmte Anschaffungen zu verteidigen und auf bestimmten Verfahren zu bestehen, weil der Kindergartenbeirat für Sie und die Kinder des Kindergartens mit eintritt.

Was Sie für die Wahl des Beirats wissen müssen, finden Sie ausführlich auf Seite 81 ff. dargestellt.

Der Elternabend für die Schulabgänger

Wenn es möglich ist, sollten Sie zu diesem Elternabend den zukünftigen Lehrer bzw. die Lehrerin der Kinder einladen. Denken Sie aber daran, daß es dem Lehrer oder der Lehrerin genauso schwerfällt wie Ihnen, vor fremden Menschen zu sprechen, daß sie zu Beginn genauso aufgeregt sind, wie Sie es wären, und daß sie dankbar sind für jede Hilfe, die sie von Ihnen erhalten. Sprechen Sie also vorher ab, ob ein Tisch für ein Manuskript gebraucht wird, ob die Lehrerin im Stehen sprechen will oder ob ein Stuhlkreis oder ein Halbkreis aufgestellt werden soll.

Der Sinn dieses Elternabends ist es, die Eltern möglichst umfassend darüber zu informieren, was sie und ihre Kinder in den nächsten Wochen und Monaten erwartet.

- Was müssen die Kinder bis zum Schulbeginn alles „können“?
- Was sollen sie am ersten Schultag mitbringen? (Schulranzen? Zuckertüte? Frühstück?)
- Wie wird der erste Schultag verlaufen? (Schulgottesdienst? Kleine Feier in der Schule? Aufteilung der Kinder in die Klassen?)
- Dürfen die Eltern in der Klasse bleiben oder sollen sie gehen und später wiederkommen?
- Wann kann man die Lehrerin/den Lehrer bzw. den Schulleiter/die Schulleiterin persönlich sprechen?
- Probleme des Schulwegs (Schulbus? Fahrgemeinschaften?)

In jedem Fall ist es wichtig, daß Sie selbst sich an der Aussprache beteiligen. Fragen Sie nach, wenn die Antworten nach Ihrer Meinung nicht ausreichend sind oder nicht richtig verstanden wurden. Fragen Sie selbst, wenn Ihnen auffällt, daß wichtige Punkte noch nicht angesprochen wurden. Sie werden von den Eltern als ihre Vertraute angesehen, und Ihr Wort ist wichtig!

Dias, Filme oder Videofilmausschnitte können einen solchen Abend ergänzen. So ist es sicher für viele Eltern ganz interessant, ein paar kurze informative Bilder und Szenen vom ersten Schultag der Kindergartengruppe zu sehen, die im letzten Jahr den Kindergarten verlassen hat. Vom Treffen im Kindergarten, vom Einschulungsgottesdienst, vom Weg zur Grundschule, von der Begrüßung in der Schule und von den ersten Eindrücken im neuen Klassenzimmer. Dies soll jedoch nur als Ergänzung, als kleines Streiflicht eingesetzt werden und darf auf keinen Fall zu lange dauern.

Zum Schluß des Abends sollte sich die Leiterin des Kindergartens als Gastgeberin bei den Vertretern der Schule und den Eltern bedanken und ihnen zusichern, daß bei etwaigen Unklarheiten und Unsicherheiten immer wieder die Möglichkeit der Rücksprache mit den Erzieherinnen des Kindergartens besteht.

Viele Vorschläge und Anregungen zur Vorbereitung der Kinder auf die Schule und zur Durchführung von Elternabenden zu diesem Anlaß finden Sie in: Rolf Krenzer, „Schulanfang“, Verlag Ernst Kaufmann.

Der informative Elternabend

Mindestens einmal in einem Kindergartenjahr sollte in jeder Gruppe ein informativer Elternabend stattfinden, an dem Sie über alle wichtigen Inhalte Ihrer Arbeit informieren. Hier sollte auch rechtzeitig über Feiern und Feste gesprochen werden, damit auch sehr beschäftigte Väter die Termine frühzeitig in ihren Kalender eintragen können. Ebenso sollte über die Planung von besonderen Aktivitäten (eine Nacht im Kindergarten schlafen, im Kindergarten mit den Eltern frühstücken, Teilnahme an einem Gottesdienst mit dem Kindergarten, Mitgestaltung eines Familiengottesdienstes, Besuch verschiedener Einrichtungen, Wanderungen usw.) berichtet werden. Die Eltern sollen immer wieder die Möglichkeit haben, ihre eigenen Vorstellungen und Wünsche ebenso wie ihre Bedenken auszusprechen, und im gemeinsamen Gespräch Lösungen zu finden, die von allen mitgetragen werden können.

Elternabende mit Referenten

Eine ganze Reihe von Themen können Sie allein oder zusammen mit Ihrem Kindergartenteam vorbereiten. Daneben gibt es aber viele wichtige Themen, die das Detailwissen und die Fachkenntnisse von Experten verlangen. Hier brauchen Sie die Unterstützung eines fachkundigen Referenten bzw. einer Referentin, die über aktuelles Material und notwendige Anschauungsmittel verfügen.

Abende, zu denen Sie Referenten einladen wollen, müssen Sie früh planen, da Sie sich meistens danach richten müssen, wann der Referent bzw. die Referentin einen Termin frei hat. Die Namen von Referenten und Referentinnen erfahren Sie oft auf Fortbildungstagen oder aus Fachzeitschriften. Manche Experten zu bestimmten Themen wohnen vielleicht auch ganz in Ihrer Nähe. Ein Kontakt zur Leitung der nächsten Volkshochschule könnte sich lohnen. Zu den Mitarbeitern der Volkshochschule zählen Fachleute aus den unterschiedlichsten Themenbereichen, die sicher gerne bereit sind, auch einmal in den Kindergarten zu kommen.

Wichtig ist, daß Sie gleich zu Beginn Ihrer Planung die Honorarfrage klären. Je bekannter ein Referent bzw. eine Referentin ist, desto höher wird das Honorar sein. Hinzu kommen meist noch die Mehrwertsteuer und die Fahrtkosten. Je länger die Anreise ist, um so teurer wird der Abend für Sie, weil die Fahrtkosten nach den gefahrenen Kilometern abgerechnet werden und evtl. auch noch Übernachtungskosten auf Sie zukommen, wenn eine Rückfahrt am selben Abend nicht mehr möglich ist.

Bezahlen sollte die Kosten für einen Referenten Ihr Träger, doch sind sicher auch die Eltern bereit, einen gewissen Betrag zu entrichten für einen Vortrag, der ihnen weiterhilft. All dies müssen Sie aber vorher genau absprechen.

Abgesehen davon, daß der Vortrag eines von außen kommenden Referenten von den Eltern wichtiger genommen wird, als wenn Sie nur intern mit ihnen über ein Thema diskutieren, bietet ein solcher Abend auch die Möglichkeit, durch Presseankündigung und späteren Bericht in der Zeitung den Blick einmal auf den Kindergarten und seine Aktivitäten zu lenken. Gerade das ist in einer Zeit, die so wenig für die Belange der heranwachsenden Kinder übrig zu haben scheint, von besonderer Bedeutung. Wenn es keiner der Redakteure für nötig hält, einen Berichterstatter zu schicken, schreiben Sie selbst einen kurzen Bericht und geben ihn an die Zeitung. Er wird sicher abgedruckt.

Kein Mangel an Themen

Allgemeine Erziehungsfragen

Immer wieder kann ein Problem für Sie oder die Eltern Ihrer Kinder plötzlich so dringend werden, daß es am besten auf einem Elternabend besprochen werden sollte. Dabei kann die Initiative vom Kindergartenbeirat, von Ihnen und Ihren Kolleginnen oder von einzelnen Eltern ausgehen. Am häufigsten wird es dabei um Erziehungsfragen gehen.

Elternabende, die sich mit grundsätzlichen Erziehungsfragen auseinandersetzen, sind für Eltern immer interessant. Sie selbst oder eine Ihrer Kolleginnen kann in einem kurzen Vortrag (20 bis 30 Minuten) die wichtigsten Aspekte darlegen. Anschließend sollten Sie dann zu einem Gedankenaustausch, zur Diskussion, vielleicht sogar zu einer Beratung kommen. Wenn Sie eine Erziehungsberaterin, einen Psychologen, eine Familienberaterin usw. zu einem Referat einladen, dann achten Sie darauf, daß auch diese Fachleute nicht zu lange reden. Viel wichtiger ist es, ausreichend Zeit für Gespräche zu haben, denn dann können die Eltern wirklich das fragen, was sie interessiert und womit sie Probleme haben. Zusätzlich – und das müssen Sie in jedem Fall vorher mit Ihren Referenten absprechen – sollte die Möglichkeit bestehen, bei ganz speziellen Problemen den Referenten hinterher auch noch allein ansprechen zu können.

Halten Sie selbst oder eine Ihrer Kolleginnen das Referat, dann können Sie sich anschließend aufteilen und jede Erzieherin mit ihrer Gruppe in den eigenen Gruppenraum gehen, um hier die Probleme zu besprechen, die die Eltern der jeweiligen Gruppe am meisten interessieren.

Ein solcher Abend kann Anlaß zu weiteren Erziehungsgesprächen in Seminarform sein, zu denen sich interessierte Eltern anmelden können. Eine solche Seminargruppe sollte nicht zu groß sein (höchstens 12 Teilnehmer bzw. Teilnehmerinnen), damit auch diejenigen, denen das Sprechen in der Öffentlichkeit schwer fällt, sich getrauen, Fragen zu stellen oder von eigenen Erfahrungen zu berichten.

Fassen Sie das Thema eines Abends nicht zu weit, weil sich die Diskussion sonst leicht ins Uferlose verliert. Dagegen zwingt ein genau umrissenes Thema zu Konzentration und Tiefgang. Es ist besser, ein bestimmtes Problem gründlich zu hinterfragen, als über vieles viel zu reden.

Im folgenden stelle ich einige Einzelthemen vor, die Gegenstand eines Elternabends über Erziehungsfragen sein könnten.

Von Tag zu Tag selbständiger

Zeigen Sie am Beispiel einer durchschnittlichen Entwicklung auf, was ein Kind in seinen ersten sechs Lebensjahren alles lernen muß und wann und wie es beginnt, diese Selbständigkeit an sich selbst und Ihnen auszuprobieren und zu verwirklichen. Machen Sie deutlich, daß jedes gesunde Kind seinen Willen durchsetzen will und mit Trotz reagiert, wenn es einmal nicht so läuft, wie es das gerne möchte. Trotzreaktionen sind ganz natürlich. Eine Auseinandersetzung mit dem Kind ist in jedem Fall besser, als es um des lieben Friedens gewähren zu lassen. Die Ruhe, die man sich in diesem Moment erkauft, kann sich später bitter rächen.

Am besten werden Sie verstanden, wenn Sie entweder kleine Geschichten zu dieser Problematik vorlesen oder von eigenen Erlebnissen berichten. Wenn Sie aus Ihrer Familie und von Ihren eigenen Kindern berichten, können sich Eltern mit Ihren Problemen identifizieren und selbst aus ihrer eigenen Situation erzählen. Wenn Sie aus dem Kindergarten erzählen, nennen Sie nicht die Namen der Kinder, sondern verfremden Sie die Geschichte, nennen Sie andere Namen und erzählen Sie nicht so, als hätte sich das gestern erst in Ihrer Gruppe abgespielt. Es kann zu leicht geschehen, daß sich Eltern bloßgestellt fühlen, wenn der Name ihres Kindes in einem wenig schönen Zusammenhang genannt wird.

Wenn Sie Geschichten oder Bilderbücher zu diesem Thema suchen, so werden Sie in der Kinderliteratur reichlich Stoff finden. Blättern Sie in Katalogen oder Fachzeitschriften oder fragen Sie in Buchhandlungen und Bibliotheken nach. Dort nennt man Ihnen Einzelbände, Geschichtensammlungen oder Bilderbücher, die viele interessante Ansätze und Möglichkeiten zum Gespräch bieten. Wenn Sie in Ihren Elternabenden ein Buch einbeziehen, so erfahren die Eltern gleichzeitig, daß Bücher ausgezeichnete Helfer sein können, und daß es sich lohnt, zusammen mit dem Kind ein Buch zu lesen und sich mit dem Inhalt auseinanderzusetzen.

Zum Vorlesen würde sich beispielsweise die Geschichte „Pele zieht aus“ von Astrid Lindgren, in „Astrid Lindgren erzählt“, Oetinger Verlag, eignen: Der kleine Pele zieht ausgerechnet am Heiligen Abend von zu Hause aus und richtet sich auf dem Klohäuschen ein, weil sein Papa ihn beschuldigt hat, er habe seinen Füllfederhalter ausgeliehen und nicht wieder zurückgebracht.

Ebenso ließe sich das Bilderbuch „Sebastian reist nach Sansibar“, von Elisabeth Reuter und Rolf Krenzer, Echter Verlag, bei einem Abend über das Selbständigwerden einsetzen.

Weitere Literatur:
„Wir könnten Freunde sein“, von Rolf Krenzer (Hrsg.), Verlag Ernst Kaufmann – „Rolf Krenzers großes Geschichtenbuch zum Vorlesen“, Band 1 und 2, von Rolf Krenzer (Hrsg.), Verlag Herder.

Beide Geschichtensammlungen enthalten viele exemplarische Geschichten zu Problemen mit Kindergartenkindern.

Streit und Aggressionen

Das Thema „Streit unter Kindern" sollte unbedingt einmal in einem Elternabend angesprochen werden. Allen, die mit Kindern leben, fällt auf, wie sehr sich viele Kinder bereits im Kindergartenalter gegenüber früheren Generationen verändert haben. Streiten war zwar schon immer eine Form der Auseinandersetzung unter Kindern. Aber Gewalt, Grausamkeit und dadurch ausgelöste ernsthaftere Verletzungen waren dabei doch wohl eher die Ausnahme.

Achten Sie darauf, daß die Aussprache nicht in ein großes Klagen über das schlechte Vorbild von Fernsehen und Videos ausartet. Bestimmt sind die Medien nicht unwesentlich an dieser Entwicklung beteiligt. Aber nicht sie allein, sondern auch die stundenlange isolierte Beschäftigung mit dem Gameboy, mit Kindercomputern usw. verändert Kinder. Und nicht zuletzt sind Kinder oft mit familiären Problemen belastet, müssen vieles psychisch verkraften, ohne daß es darüber zu einer Aussprache mit den Eltern kommt. Viel zu früh und viel zu häufig sind Kinder heute nur auf sich selbst angewiesen, weil die Eltern keine Zeit haben, weil sie arbeiten müssen, weil sie von ihren eigenen Problemen aufgefressen werden und dann, wenn sie Zeit hätten, keine Lust haben…

Wir sind zu einer „Wegwerfgesellschaft" verkommen – auch in menschlichen Beziehungen. Vor dem Weggeworfenwerden ist keiner mehr gefeit. Da wird bereits nach zwei Jahren und früher die Ehe gelöst, eine zweite geschlossen, der nach einigen Jahren die dritte folgt. Es ist müßig, sich darüber zu streiten, ob an diesem Menschen-Austausch, der vielerorts bereits zur Regel geworden ist, die Flucht vor der Verantwortung von Männern oder eine falsch verstandene Emanzipation von Frauen die größere Schuld trägt. Der leider bei Männern wie Frauen weitverbreitete Hang zur „Selbstverwirklichung" geht letztlich zu Lasten der Kinder. Alleingelassene Kinder, die ohne Liebe und Geborgenheit aufwachsen, neigen zu Aggressivität, und sei es nur, um dadurch die Aufmerksamkeit zu bekommen, die ihnen fehlt. Wenig Kinder sind „einfach so“ aggressiv und böse. Oft sind Aggressionen ein Hilferuf nach mehr Liebe und Zuwendung. Ein Elternabend, der in den Eltern diese Einsicht weckt, hat schon viel erreicht.

Sie sollten aber auf keinen Fall so deutlich werden, daß Eltern sich angegriffen fühlen. Doch klären Sie sie in aller Deutlichkeit darüber auf, daß aggressive Kinder Hilfe brauchen und wo sie sich eine auf ihre spezielle Situation ausgerichtete Unterstützung holen können, z. B. bei einer Familienberatung. Geben Sie die genaue Adresse bekannt.

Auch zu dem Thema „Streit, Aggressionen“ bieten sich Seminare für interessierte Eltern an. Gerade wenn Eltern im kleinen Kreis Gelegenheit haben, miteinander ins Gespräch zu kommen und sich auszutauschen, können wirkliche Veränderungen in der Erziehungshaltung erreicht werden, die sich dann auf die gesamte Situation in Ihrer Gruppe positiv auswirken.

Zusammenleben in der Gruppe

Viele Kinder, die in den Kindergarten aufgenommen werden, sind das Zusammensein mit anderen, gemeinsames Spielen und Singen, kaum gewöhnt, besonders wenn es sich um Einzelkinder handelt. Da fällt es schwer, zunächst ein Spielzeug abzugeben, mit anderen zu teilen oder gar hinzunehmen, wenn ein anderer etwas zerstört, was man mit viel Mühe aufgebaut hat.

Im Laufe der Kindergartenzeit werden die Ansprüche immer stärker, die von der Gemeinschaft an das einzelne Kind gestellt werden. In der gezielten Erziehung zur Gemeinschaft liegt daher eine wesentliche Aufgabe des Kindergartens. Gerade hier wird nach und nach ein wichtiger Grundstein gelegt, der das einzelne Kind befähigt, den Anforderungen zu genügen, die dann in der Schule gestellt werden.

In einer Gesellschaft von Egozentrikern, die immer mehr ihre Ellbogen gebrauchen, und immer weniger lernen, Rücksicht auf andere, Schwächere zu nehmen, haben es Erziehungsziele wie Verzichten, Nachgeben, Toleranz schwer. Jedem Elternteil geht es vor allem um das Wohlergehen seines eigenen Kindes, ohne daß man sich viel um andere kümmert oder Verständnis aufbringt für Menschen, die vielleicht in einer weit schlechteren Ausgangsposition oder Lage stecken. Die Meinung der Mehrheit der Menschen in Deutschland spiegelt sich eben auch in manchen Eltern wider, die Sie vor sich sitzen haben. Am liebsten möchte jeder das behalten und bewahren, was er mühsam gewonnen und erreicht hat; möchte lieber noch dazu bekommen, als etwas abzugeben. Die „Schwestern und Brüder" aus der ehemaligen DDR, die heute auch Bundesbürger sind mit allen Rechten und Ansprüchen, bekommen das ebenso zu spüren wie Menschen, die aus anderen Ländern und Erdteilen zu uns gekommen sind. Am liebsten möchte man abschotten, alles abschieben, was nicht hierher gehört und was unter Umständen den eigenen Lebensstandard beeinträchtigen könnte.

Um so notwendiger ist es, daß Kinder im Kindergarten andere Einstellungen lernen und Erfahrungen von guter Gemeinschaft machen. Erklären Sie den Eltern, was für Sie Erziehung zur Gemeinschaft bedeutet:

Kinder sollten schon im Kindergarten erfahren, daß die Menschen verschieden sind. Im Umgang mit den anderen Mädchen und Jungen in der Gruppe lernen sie unterschiedliche Temperamente und Verhaltensweisen kennen und einschätzen. Allmählich müssen Kinder in der Lage sein, diese Erfahrung von Verschiedenheit und Andersartigkeit zu erweitern und auf alle Menschen zu übertragen, denen sie begegnen. Es muß ihnen bewußt werden, daß andere zwar anders, aber trotzdem gleichwertig und gleichberechtigt sind, gleichgültig ob es sich um Männer oder Frauen, um Alte oder Junge, um Kinder oder Erwachsene, um Nichtbehinderte oder Behinderte, um

Einheimische oder Ausländer, um Menschen von weißer oder farbiger Hautfarbe handelt.

Je früher Kinder unterschiedlicher Herkunft, Rasse, Farbe und Sprache zusammentreffen und lernen, in eine Gemeinschaft hineinzuwachsen, um so größer ist die Chance, daß sie sich auch dann frei, gelöst und unvoreingenommen begegnen, wenn sie erwachsen geworden sind. Nur so kann unsere zunehmend multikulturelle Gesellschaft überleben. Andernfalls wird sie sich in viele Gruppen auflösen, die einander mißtrauisch, ablehnend oder gar feindselig gegenüberstehen.

Um gemeinschaftsbildende Verhaltensweisen zu fördern, bemühen Sie sich, Anlässe und Gelegenheiten zu schaffen oder wahrzunehmen, wo Kinder Gemeinschaft erleben können, z. B. indem Sie mit den Kindern traditionelle Feste und Feiertage feiern (Kirchenfeste, Straßenfest, Sommerfest usw.). Vor allem die „Tischgemeinschaft“, das gemeinschaftliche Essen, bietet viele Möglichkeiten, andere Sitten, Gebräuche und Eßgewohnheiten kennenzulernen und sie als gleichwertig zu den eigenen Gewohnheiten zu erfahren. So könnte eine Familie aus Vietnam beispielsweise Kuchen und Süßigkeiten zu einem Nachmittag im Advent mitbringen, die sie selbst gebacken hat. Eine türkische Familie lädt zum Essen ein. Japanische Eltern und ihre Kinder zeigen den anderen, wie gut es sich mit Stäbchen essen läßt usw.

Wenn Sie auf einem Elternabend den Eltern erst einmal Anstöße in diese Richtung gegeben haben, werden sich in einer Gesprächsrunde noch viele Möglichkeiten finden. Vielleicht bildet sich nach einem solchen Elternabend auch ein kleiner Kreis von ausländischen und einheimischen Eltern, die sich über die Kindergartenarbeit hinaus miteinander anfreunden. Wenn eine deutsche Familie beispielsweise bei einer türkischen oder japanischen Familie nach Hause eingeladen wird, wird sie feststellen, daß sich diese Familie, obwohl sie völlig angepaßt erschien, zu Hause ihre Eigenart, ihre Tradition, ihre Sitten bewahrt hat. Man wird beim Betreten der Wohnung die Schuhe ausziehen, wie es die Gastgeber auch tun. Und später wird man über das, was einem neu oder fremd erschienen ist, in einer ganz anderen Weise sprechen können.

In diesem Zusammenhang könnte man auch eine Patenschaft für einen Kindergarten oder für ein einzelnes Kind in einem der armen Länder übernehmen. Solche Projekte könnten – im Einverständnis mit dem Kindergartenbeirat – über viele Jahre hinweg getragen werden. Vergessen Sie auch nicht, über die Schwierigkeiten nachzudenken, die für die Kinder aus anderen Religionen und deren Eltern bestehen, und dafür Verständnis zu wecken. Allzu leicht setzen wir uns über die religiösen Gefühle von Menschen anderer Glaubensrichtungen hinweg. Wir alle müssen lernen, die religiösen Überzeugungen anderer ebenso zu respektieren und ernst zu nehmen, wie wir das für unsere eigenen mit Recht beanspruchen.

Auch zum Thema „Zusammenleben" gibt es Bücher und andere Medien (Filme, Dias, Kassetten), die Sie bei einem Elternabend einsetzen können. Hier nur einige Titel: „Da wird's im Häuschen hell und warm", Irmtraud Guhe/Rolf Krenzer, Verlag Ernst Kaufmann – „Torsten und der Nikolaus", Irmtraud Guhe/Rolf Krenzer, Echter Verlag – MC und Lied- und Spielheft „Fremde werden Freunde", Kontakte Verlag, Lippstadt – MC „Ein kleiner Spatz von irgendwo", Peter Janssens Musikverlag, Telgte.

Stille entdecken

In unserer lauten, hektischen Zeit ist die Bedeutung von Stille als ein wichtiges Element innerhalb einer ganzheitlichen Erziehung unbestrittener denn je. Je weniger unsere Kinder durch den ständigen Lärm – sei es draußen durch den Verkehr oder drinnen durch Radio und Fernsehen – und den ringsum herrschenden Aktionismus zu

Ruhe und Besinnung kommen, um so mehr müssen wir Gelegenheiten schaffen, um der allgemeinen Unruhe und Unrast etwas entgegenzusetzen.

Das bewußte Erleben von Stille ist für Kinder eine ganz neue Erfahrung, die es ihnen ermöglicht, zu sich selbst zu kommen und einmal in sich „hineinzuschauen". Mit Stille ist hier auf keinen Fall „äußere Stille" gemeint, also eine Stille, die das Ergebnis einer disziplinarischen Maßnahme ist, die aufgezwungen wurde. Gemeint ist vielmehr das freudige und bewußte Erleben eines Augenblicks, eine Stille, die atmen läßt, aufatmen ohne alle Zeitzwänge, ein Zeitnehmen für sich selbst. Zeit nur für mich. Stille Zeit, in der ich mich völlig unabhängig von allem, was mich sonst treibt und fordert, auf etwas konzentrieren kann, mich über etwas freuen kann, um dadurch zu einer inneren Einkehr zu finden, nachdenklich zu werden und gleichzeitig neue Kreativität daraus zu schöpfen. Das mag sich zunächst vielleicht etwas unrealistisch und verträumt anhören. Aber die innere Ruhe und Ausgeglichenheit, die wir durch solches Stillwerden gewinnen, sind unentbehrlich, um den Anforderungen des Lebens standzuhalten. Schon Kinder sollten möglichst früh die Erfahrung machen, daß Stille ihnen guttut.

Ein Elternabend zum Thema „Stille" sollte den Eltern bewußt machen, daß für ihr Kind Zeiten der Stille unbedingt nötig sind, weil aus ihnen neue Kraft entsteht. Vielleicht gelingt es Ihnen, die Eltern dafür zu gewinnen, ihre Kinder auch zu Hause so oft wie möglich Augenblicke der Stille erleben zu lassen.

Sie können den Elternabend mit einem kurzen Referat zum Thema einführen. Zur Verdeutlichung dessen, was Sie meinen, können Sie auch ein Lied oder eine kurze Geschichte einsetzen. Von Gerhard Schöne gibt es zwei Lieder, die sich zur Vertiefung des Themas eignen:

1. Die Alte auf der Schaukel

Ein kleines Mädchen im Kindergartenalter trifft beim Sandkasten eine alte Frau neben der Schaukel und fragt neugierig, ob denn die alte Frau auch noch schaukeln kann. „Oma, willst du schaukeln?" fragt es. Da setzt sich die alte Frau auf die Schaukel, beginnt zu schaukeln, schaukelt und schaukelt, vergißt Zeit und Raum...und ist wieder ein Kind und unendlich glücklich dabei.

2. Ganz einfach

Ein Vater versucht seinem hektischen und kurz vor dem Herzinfarkt stehenden Sohn zu erklären, warum er aus einer solchen Ruhe heraus sein Leben leben kann:

„Wenn ich schlafe, schlafe ich. Wenn ich aufsteh', steh' ich auf. Wenn ich gehe, gehe ich. Wenn ich esse, eß' ich. Wenn ich schaffe, schaffe ich. Wenn ich plane, plane ich. Wenn ich höre, hör' ich."

Unwillig antwortet ihm sein Sohn: „Was soll dieser Quatsch? Das alles mach ich doch auch...und trotzdem find' ich keine Ruhe!"

Darauf antwortet ihm sein Vater nachdenklich: „Mein Lieber, höre nur gut hin! Du machst es alles etwas anders: Wenn du schläfst, stehst du schon auf. Wenn du aufstehst, gehst du schon. Wenn du gehst, dann ißt du schon. Wenn du ißt, dann schaffst du. Wenn du schaffst, dann planst du schon. Wenn du planst, dann sprichst du schon. Wenn du sprichst, dann hörst du schon. Wenn du hörst, dann schläfst du!"

Beide Lieder finden Sie auf der LP „Menschenskind", Amiga 845286, Produktion 1985, und eignen sich zur Einstimmung in einem Elternabend.

Nach der Einführung dürfen Sie nicht bei theoretischen Erörterungen stehen bleiben, sondern müssen Möglichkeiten zeigen, wie Stille erlebt werden kann. In den letzten Jahren sind einige gute Bücher mit Anleitungen zu Stilleübungen herausgekommen. Lassen Sie sich von den Vorschlägen anregen und bieten Sie den Eltern einen an. Immer muß für eine entsprechende Atmosphäre gesorgt sein (gedämpftes Licht, leise, beruhigende Musik im Hintergrund, vielleicht eine Kerze als Konzentrationspunkt). Es ist wichtig, daß alle bequem und entspannt sitzen können und bereit sind, sich auf eine Zeit der Stille einzulassen. Länger als zehn Minuten sollte man am Anfang eine solche Stilleübung nicht ausdehnen. Geben Sie vorher eine kurze Anweisung, was Sie tun werden und was die Eltern tun sollen.

Vorschläge: Nehmen Sie aus einem Korb vorbereitete Dinge – z. B. Naturmaterialien (ein Blatt, eine Blüte, ein Stein, ein Stück Rinde, eine Ähre, einen Tannenzapfen usw.). Zeigen Sie die Dinge so, daß alle sie sehen können. Sagen Sie mit ruhiger Stimme, wo oder bei welcher Gelegenheit Sie den betreffenden Gegenstand gefunden haben, und legen Sie ihn auf den Tisch. Lassen Sie angemessene Abstände zwischen den einzelnen Gegenständen, damit die Eltern Zeit haben, darüber nachzudenken, was sie selbst mit dem Gegenstand verbinden und woran er sie erinnert.

Ähnliche Assoziationen zu eigenen Erlebnissen und Erfahrungen können Sie auch mit Bildern oder Dias hervorrufen.

Auch eine einfache, mit ruhiger Stimme erzählte Geschichte (z. B. die Beschreibung eines Spazierganges an einem Herbsttag, einer Nachtwanderung, eines Spaziergangs am Meer usw.) kann in den Eltern, die entspannt und mit geschlossenen Augen dasitzen, Erinnerungen an ähnliche Erlebnisse wecken. Bei einer solchen Geschichte geht es nicht um literarische Qualität. Je einfacher die Sätze sind, desto mehr Möglichkeiten haben die Zuhörer und Zuhörerinnen, die geschilderte Situation mit ihrer eigenen Phantasie auszuschmücken und zu ergänzen.

Bei Stille-Übungen können wir nicht nur durch *Sehen* und *Hören*, sondern auch durch *Riechen*, *Tasten* und

Schmecken dazu geführt werden, tief in uns hineinzuschauen und auf Dinge zu stoßen, an die wir lange nicht gedacht haben. Alle unsre Sinne und Fähigkeiten sind angesprochen. So kann eine Konzentration nach innen auch durch stilles Malen oder stilles Schreiben geschehen.

Alle Möglichkeiten anzuführen, die es in diesem Bereich gibt, wäre zuviel. Wählen Sie zur „Demonstration“ an Ihrem Elternabend in jedem Fall nur ein einziges Beispiel aus und stellen Sie im Anschluß daran die anderen Möglichkeiten erzählend vor. Vielleicht entsteht bei den Eltern der Wunsch, an anderen Abenden noch weitere Möglichkeiten auszuprobieren.

Religiöse Erziehung

Auch wenn Sie in einem kirchlichen Kindergarten arbeiten, ist es heute längst nicht mehr selbstverständlich, daß alle Kinder getauft sind. Viele Eltern sind aus der Kirche ausgetreten. Andere gehören einer anderen Konfession oder sogar einer anderen Religion an. Unter solchen Bedingungen ist religiöse Erziehung nicht einfach.

Auf einem Elternabend sollten Sie den Eltern erklären, wie Sie und die anderen Erzieherinnen des Kindergartens die religiöse Erziehung gestalten. Gerade auf dem Gebiet der religiösen Erziehung hat sich ja in den letzten 25 Jahren vieles entscheidend verändert. Christliche Inhalte werden den Kindern heute in lebendigen, freudig gesungenen Spielliedern, in fröhlichen Spielen, in Geschichten und einem lustbetonten Erleben der Gemeinschaft vermittelt. Berichten Sie darüber, was Sie alles vorhaben, welche Geschichten Sie erzählen, welche besonderen Anlässe (Teilnahme an Kirchenfesten oder Familiengottesdiensten) Sie wahrnehmen möchten.

Sie werden dann auch hören, was die Eltern ihrerseits von Ihnen erwarten (oder was sie befürchten!). Für Sie ist es wichtig, wenn Sie wissen, wie Ihre Eltern über eine religiöse Erziehung im Kindergarten denken. Stehen sie der Religion völlig ablehnend gegenüber oder beziehen sich ihre Bedenken mehr auf die Institution Kirche, mit der sie unzufrieden sind? Manche haben ganz bewußt einen kirchlichen Kindergarten gewählt, damit ihre Kinder religiös erzogen werden oder damit der Kindergarten ihnen das abnimmt, wozu sie sich selbst nicht in der Lage fühlen.

Die meisten Eltern machen die Erfahrung, daß Kinder im Kindergartenalter auch vor Fragen nicht haltmachen, die religiöse Inhalte berühren – Fragen nach Gott und Himmel, nach Krankheit und Tod, nach Krieg und Katastrophen. Ein Elternabend zur religiösen Erziehung könnte unter anderem auch den Sinn haben, Eltern bei der Beantwortung solcher Fragen zu helfen. Vielfach wird sich allerdings herausstellen, daß es vor allem um die Fragen und Zweifel der Eltern selbst geht. Viele fühlen sich unsicher in ihrem eigenen Verhältnis zur Religion, und aus Angst, etwas falsch zu machen, weichen sie den Fragen ihrer Kinder aus.

Auf diesem sensiblen Gebiet ist gute Elternarbeit besonders wichtig. Laden Sie einen Referenten bzw. eine Referentin ein, denen Sie zutrauen, in Offenheit und Einfühlungsvermögen auf die Fragen der Eltern einzugehen.

Schließlich ist ein Elternabend auch die Gelegenheit, über die Kinder zu sprechen, die eine ganz andere Religion haben, die Muslime sind oder Buddhisten oder Hinduisten. Was geschieht mit ihnen im Kindergarten? Werden sie gesondert beschäftigt, wenn in der Gruppe beispielsweise ein Krippenspiel eingeübt wird? Und wie steht es mit der Teilnahme an christlichen Festen? Selbst wenn Sie keine für alle befriedigende Lösungen finden, ist es wichtig, sich darüber Gedanken zu machen.

Interessierte Eltern sind übrigens auch an neuen Medien für die religiöse Erziehung sehr interessiert. Zeigen Sie ihnen, was Sie im Kindergarten haben, womit Sie arbeiten, welche Kassetten und Bilderbücher Sie einsetzen, welche Lieder, Gebete und Spiele.

Bücher und Kassetten

Wenn Sie einen gewissen Einfluß auf die Bücher und Kassetten nehmen möchten, die Eltern zum Geburtstag oder zu Weihnachten schenken, und sie nicht der Werbeflut des Fernsehens und der Kaufhäuser überlassen wollen, die ohne Fachwissen möglichst viel verkaufen wollen, dann sollten Sie jemanden einladen, der etwas von Büchern bzw. Kassetten versteht und auch über die wichtigsten Neuerscheinungen informiert ist. Referenten bzw. Referentinnen könnten sein: BuchhändlerIn vor Ort, LeiterIn der Bücherei, KinderbuchautorIn, Kollegin oder LehrerIn, die als Fachleute bekannt sind.

Inzwischen gibt es regelrechte Firmen, die sich auf Kindergärten spezialisiert haben und Ihnen eine Auswahl anbieten, die Sie an einem Elternabend vorstellen können. Selbstverständlich rechnen die Anbieter damit, daß die Eltern und Sie dann möglichst viel aus dem bereitgestellten Angebot bestellen. Dies ist eine einfache und für Sie bequeme Art, Eltern Bilder-, Kinder- und Sachbücher, Kinderkassetten und -CDs vorzustellen, da die Ansichtsexemplare von den Anbietern selbst mitgeliefert werden. Sie müssen sich aber klar darüber sein, daß es sich dabei um die Auswahl des jeweiligen Anbieters handelt, also um Bücher und Kassetten, die er oft nur deshalb in sein Angebot hineingenommen hat, weil er weiß, daß sie sich gut verkaufen.

Besser ist es in jedem Fall, wenn Sie sich selbst informieren. Die Information über Neuerscheinungen gerade auf diesem Gebiet gehört zu Ihrer Aufgabe und Pflicht. Viele Kindergärten schließen an einem Nachmittag im Monat, um sich zu Seminaren und zum Informationsaustausch zu treffen. Hier kommen meist alle Erzieherinnen des Umkreises regelmäßig zusammen. Laden Sie sich zu einem solchen Nachmittag einmal einen Buchhändler oder eine Buchhändlerin ein und diskutieren Sie gemeinsam über geeignete Bücher und Kassetten.

Engagierte BuchhändlerInnen werden Ihnen auch gerne mit weiteren Informationen behilflich sein. Es gibt viele Verzeichnisse und Empfehlungskataloge für Bücher, die von Fachleuten zusammengestellt und in regelmäßigen Abständen aktualisiert werden. Einige seien hier genannt:

Deutscher Jugendliteraturpreis – Auswahl –
erscheint jährlich.

Der Deutsche Jugendliteraturpreis ist eine der wichtigsten Orientierungshilfen im ständig wachsenden Kinder- und Jugendbuchmarkt. Seit 1956 wird er vom Bundesministerium für Frauen und Jugend verliehen und ist damit der einzige staatliche Literaturpreis der Bundesrepublik Deutschland. In dieser Broschüre werden die Begründungen der unabhängigen Jury zu den aktuellen Preisbüchern und den Titeln der Auswahlliste in den Gruppen Bilderbuch, Kinderbuch, Jugendbuch und Sachbuch in vollem Umfang veröffentlicht.

Interessenten: Pädagogen aller Fachrichtungen, Mitarbeiter in Bibliotheken, Buchhandel, Fachschulen, Kindergärten sowie im Bereich der Jugendarbeit und Elternberatung.

Herausgeber: Arbeitskreis für Jugendliteratur e. V., München.

Zu beziehen bei: Buchhändler-Vereinigung GmbH, Postfach 10 04 42, 60004 Frankfurt/M.

Das Buch der Jugend – erscheint jährlich.

Ein Auswahlverzeichnis von ca. 600 Büchern für Kinder und Jugendliche mit kurzen Inhaltsangaben. Neben bewährten Titeln enthält diese Broschüre jeweils ca. 150 Neuerscheinungen. Der Katalog enthält Bilderbücher für die Kleinsten, erzählende Literatur und Sachbücher für Kinder ab dem ersten Lebensalter bis hin zu Büchern für junge Erwachsene. Eine unabhängige Jury aus Experten (Buchhändler, Bibliothekare und Pädagogen) garantiert für die Titelauswahl.

Interessenten: Pädagogen aller Fachrichtungen, Bibliothekare, Buchhändler, Eltern, Mitarbeiter im Bereich Jugendarbeit und Elternberatung, öffentliche und kirchliche Bildungseinrichtungen etc.

Herausgeber: Arbeitskreis für Jugendliteratur e. V., München.

Zu beziehen bei: Buchhändler-Vereinigung GmbH, Postfach 10 04 42, 60004 Frankfurt/M.

Von 3–8 – erscheint jährlich.

Eine Auswahl von ca. 200 Büchern und Lernspielen für die Altersgruppe bis 8 Jahre, die durch allgemeinverständliche Fachliteratur zu Erziehungs- und Bildungsfragen ergänzt wird. Die Titelauswahl erfolgte unter ganz besonderer Berücksichtigung des bildungsfördernden Wertes für die frühkindliche Erziehung.

Interessenten: Pädagogen aller Fachrichtungen, Pfarrer, Eltern, Kindergärten, Bibliotheken, Buchhandel, Fachschulen und Hochschulen, Mitarbeiter im Bereich Jugendarbeit und Elternberatung.

Zu beziehen beim Herausgeber: Deutsches Jugendschriftenwerk e. V., Fischtorplatz 23, 55116 Mainz.

Das Bilderbuch – erscheint unregelmäßig.

Mehr als 300 Bilderbücher aus aller Welt werden von einem Team unabhängiger Bilderbuchexperten vorgestellt. Er richtet sich an Bibliothekare, Buchhändler, Pädagogen, Erzieher u. ä., aber auch Nicht-Fachleute können sich mit Hilfe der umfassenden Sachregister dieses Kataloges in der komplexen und vielschichtigen Welt des Bilderbuches zurechtfinden.

Zu beziehen beim Herausgeber: Arbeitskreis für Jugendliteratur e. V., Schlörstraße 10, 80634 München.

Auch für Kassetten gibt es eine Orientierungshilfe:

Hören – Lesen – Hören

Dieses nach Alter und Themen geordnete Verzeichnis von Kassetten für Kinder und Jugendliche gibt jeweils knappe Hinweise auf Inhalte und kurze Beurteilungen über rund 680 auf dem Markt befindliche Kassetten. Die Thematik insgesamt und jedes größere Kapitel werden von verschiedenen Bearbeitern durch sachlich-informative sowie kritische Hinweise eingeleitet.

Herausgeber: Konrad Kallbach, Neuauflage 1992.

Zu beziehen bei: Verlag Mensch und Leben, Postfach 1944, 61289 Bad Homburg.

Ein bunter Bilderbuchabend beispielsweise bietet sich besonders für die Zeit nach St. Martin und vor dem Beginn der Adventszeit an. Sie haben die Chance, Ihren Eltern aus dem Riesenangebot, das Jahr für Jahr über sie hereinbricht, gezielte Hilfe zu geben, was sie ihren Kindern zu Nikolaus oder zu Weihnachten schenken können. Zeigen Sie die Bilderbücher, die Ihnen selbst gefallen, sowohl Neuerscheinungen wie auch Bücher, die bereits älter, aber es wert sind, immer wieder neu entdeckt zu werden.

An Beispielen, die Sie zeigen, vorlesen und kommentieren, läßt sich auch deutlich zeigen, warum ein unter Umständen teures Bilderbuch eben doch besser ist als ein viel billigeres aus dem Kaufhaus. Gerade bei Weihnachtsbilderbüchern gibt es sehr große Qualitätsunterschiede: So zeigt das eine vielleicht Weihnachtsengelchen mit strohgelben Locken, nacktem Po und filigranfeinen bläulichen Flügeln, während das andere Buch sich ernsthaft darum bemüht, den kleinen Bilderbuchbetrachtern und vielleicht auch sogar einigen Erwachsenen klar zu machen, was es mit den Engeln auf sich hat, die auch in der Weihnachtsgeschichte eine wesentliche Rolle spielen.

Kitsch bekommen die Kinder zu Weihnachten von den Bekannten und Verwandten genug. Machen Sie also Ihre Eltern auf besonders gute Bilderbücher aufmerksam. Der höhere Preis, den gute Bilderbücher haben, hängt mit der geringeren Auflage zusammen. Aber an Weihnachten sind Eltern eher bereit, auch einmal mehr für ein besseres Bilderbuch zu bezahlen. Bei Kassetten und CDs ist das übrigens genauso.

Sie müssen sich bewußt darüber sein, daß die Zeit, in der das Kind den Kindergarten besucht, für die Begegnung vor allem mit dem Bilderbuch von ausschlaggebender Bedeutung ist. Hier wird die Wurzel für die Freude am Buch gelegt. Hier lernen die Kinder nicht nur den pfleglichen Umgang mit Büchern, sondern erfahren gleichzeitig, welche spannenden, lustigen oder ergreifenden Geschichten darin verborgen sind.

In manchen Bilderbüchern werden Probleme angesprochen, mit denen Kinder konfrontiert sein können: Umzug, Krankheit, Verlust, Tod usw. Durch die Auseinandersetzung mit einer Bilderbuchgeschichte können Kinder vorwegnehmende Erfahrungen machen und sind so für den Notfall besser gerüstet. Andere Bücher geben Einblicke in die Lebenssituation von Kindern in anderen Ländern oder Erdteilen. Sie fordern zu Toleranz und Offenheit auf und wecken Verständnis für andere Sitten und Gewohnheiten.

Wenn Sie immer auf dem neuesten Stand sein wollen, dann informieren Sie sich in den Neuerscheinungs-Prospekten der Verlage, die Sie durch Ihren örtlichen Buchhändler oder direkt von den Verlagen erhalten können. In Ihrer Buchhandlung wird man Ihnen sicher auch dieses oder jenes Buch einmal bestellen oder zeigen, so daß Sie hineinschauen und es anlesen können. Das gleiche gilt natürlich auch für Spiele und besonders für Tonträger wie Kinderkassetten und CDs.

Wenn Sie an Ihrem Elternabend den Eltern eine kleine Buchausstellung oder eine Auswahl von CDs bieten möchten, wird Ihnen die örtliche Buchhandlung sicher dabei behilflich sein. Bitten Sie die Eltern, vor allem mit den neuen Büchern recht sorgfältig umzugehen. Auch mit der Unterstützung der Gemeindebücherei kann eine Auswahl geeigneter Bilderbücher und Kassetten zusammengestellt werden. Sie können noch ein übriges tun, wenn Sie den Eltern eine schriftliche Titelzusammenstellung mit Autoren, Verlag und Preis mit nach Hause geben oder Listen auslegen, in denen die gewünschten Buchtitel und CDs bzw. Kassetten bestellt werden können. Sie nennen den Eltern die Buchhandlung, die mit Ihnen die kleine Ausstellung organisiert hat und geben die Liste später an diese Buchhandlung weiter, wo die Eltern sich die bestellten Bücher und Kassetten dann selbst abholen können.

Zu einem Elternabend über Bücher gehört natürlich unbedingt, daß auch etwas vorgelesen wird. Vielleicht gewinnen Sie Ihre Eltern wieder für die aussterbende, aber für Kinder so wichtige Kunst des Vorlesens. Geben Sie ihnen Tips zum Erzählen und Vorlesen. Vielleicht entwickelt sich daraus ein Seminar, in dem Sie gemeinsam das Erzählen und Vorlesen von Märchen und Geschichten üben. Damit haben Sie wirklich echte Hilfe weit über den Kindergarten hinaus gegeben. Auf einen solchen Abend sollten Sie stolz sein!

Zum Abschluß noch zwei praktische Anregungen für einen Bücherabend:

1. Bitten Sie alle Eltern, die gerne vorlesen, die Lieblings-Gutenachtgeschichte ihres Kindes mitzubringen und den anderen vorzulesen. Reihum liest jede(r) die Geschichte vor und Sie nehmen alles auf Kassette auf. Zuletzt spielen Sie die Kassette einmal ab, so daß jede(r) sich kurz selbst hören kann. Bieten Sie an, daß Sie für alle die Kassette überspielen, wenn Sie entsprechende Leerkassetten von den Eltern bekommen. Sie werden staunen, wie schnell die Leerkassetten

bei Ihnen sind. Mit den modernen Recordern mit zwei Kassettendecks lassen sich die Kassetten schnell vervielfältigen. So haben Sie ein Weihnachtsgeschenk für die Kinder, das Sie keinen Pfennig kostet und den Kindern und ihren Eltern viel Freude macht und wahrscheinlich sorgsam behütet wird als eine wertvolle Erinnerung an die Kindergartenzeit.

2. Leiten Sie die Eltern an, selbst eine Kassette für ihr Kind zusammenzustellen und zu besprechen. Ich habe einmal darüber in einer Zeitschrift geschrieben und so viele begeisterte Antworten von Eltern und Großeltern erhalten, daß ich die Idee gerne weitergebe: Sammeln Sie mit den Eltern Ideen, was sie alles aufnehmen könnten: eine Vorlesegeschichte, etwas Selbsterzähltes, ein Lieblingslied (selbstgesungen oder überspielt); Omas und Opas, Brüder und Schwestern, Tanten und Onkel, Nachbarn und alle, die dem Kind bekannt und vertraut sind, können etwas aus ihrem Leben erzählen bzw. etwas vorlesen, das dem Kind gefällt. Auch die Stimmen von Katze, Hund oder Wellensittich dürfen nicht fehlen.

Sie können sicher sein, daß eine solche Kassette zur absoluten Lieblingskassette wird. Mir sind Familien bekannt, die – als sie bei einem Familienanlaß die Kassette zum ersten Mal abspielten – die Aufnahme immer wieder kopieren mußten, weil jeder, der mit einer Geschichte, einem Lied, einem auswendig vorgetragenen Gedicht aus alten Tagen, mit einem Witz oder nur einem Räuspern zu hören war, die Kassette unbedingt haben wollte!

Singen, Spielen und Tanzen

Von altersher gehören Spiel- und Tanzlieder zur Elementarerziehung. Aber reicht es aus, wenn nur noch im Kindergarten dieser wichtige musisch-emotionale Bereich gepflegt wird, zu Hause aber nicht ein einziges Lied mehr mit dem Kind gesungen, sondern alles dem CD-Player oder dem Kassetten-Recorder überlassen wird? Singen geht nicht ohne mitsingende Eltern, und zu jeder Form des Tanzens und der Bewegungserziehung gehören Eltern, die bereit sind mitzumachen.

Anders als frühere Elterngenerationen, die aus ihrer eigenen Kinderzeit einen reichen Schatz an Spiel- und Tanzliedern mitbrachten, kann die heutige Elterngeneration leider nicht auf einen solchen Bestand zurückgreifen. Als sie selbst in den Kindergarten gingen, waren Spiel- und Tanzlieder gerade als völlig veraltet und überflüssig verschrien. Ich weiß, wovon ich spreche und wie schwer es ist, mit Eltern heute einen Sing- und Spielabend zu veranstalten. Aber wenn Sie es einmal versuchen, werden Sie staunen, wie schnell sich die Eltern aktivieren lassen und welche Freude es allen macht.

Mehr als bei den meisten anderen Themen gilt hier, daß praktisches Tun wichtiger ist als Vorträge und Gespräche über praktisches Tun! Das heißt, wir müssen den Eltern eine Anzahl geeigneter Lieder mit den dazugehörenden Möglichkeiten des Spielens, Tanzens und Sichbewegens vorstellen.

Zum Glück ist die Zeit der Kinderlieder mit naiven und ungereimten Inhalten vorbei. Heute gibt es Kinderlieder, bei denen Erwachsene nicht geistig in die Knie gehen müssen, wenn sie sie mitsingen. Es werden Themen angesprochen, die Kinder und Erwachsene gleichzeitig interessieren, einfach dargestellt, aber nicht simpliziert, d. h. verniedlicht und verkitscht. An solchen Liedern haben auch Erwachsene ihren Spaß. Als Beispiel möchte ich hier „Die Vogelhochzeit“ oder das köstliche „Nackedei“ von Rolf Zuckowski anführen (Polydor, Hamburg). Lieder, in denen auf eine ernsthafte und dennoch kindgemäße Art die Umweltproblematik angesprochen ist, sind z. B. das „Entschuldigungslied für Friedrich den Fisch“ („Mit Kindern unsere Umwelt schützen", Impulse, Drensteinfurt) oder das „Lied für den Baum" („Die Erde ist ein großer Tisch", Abakus, Greifenstein).

Mehr meditativen Charakter hat beispielsweise der Lichtertanz „Ein Licht ist aufgegangen, ein Licht, das uns gefällt" auf der MC „Dreh dich wie ein dicker Bär". Mit Eltern, die entsprechend darauf vorbereitet sind, können wir versuchen, zu diesem Lied selbst einen Tanz zu gestalten. Es ist faszinierend zu erleben, zu welch schönen Bewegungen und welcher Harmonie eine einfache Melodie animieren kann. Viele weitere Tänze finden sie auf der MC „Da tanzen Sonne, Mond und Sterne" (beide Kassetten im Musikbär Musikverlag, Schriesheim und Lahn-Verlag, Limburg).

Immer wieder beliebt bei Kindern und Eltern sind kleine Theateraufführungen. Vielleicht möchten Sie mit den Eltern zusammen ein Spiel zum Sommerfest oder der Weihnachtsfeier aufführen. Dann wäre der Elternabend eine Gelegenheit, das Stück vorzustellen.

Kürzlich habe ich erlebt, wie es Erzieherinnen gelang, die Aufführung eines Singspiels nach Otfried Preußlers berühmten Bilderbuch – „Die dumme Augustine" – übrigens eines der ersten Bilderbücher, das sich mit der Emanzipation der Frau beschäftigte, als dieses Thema noch nicht populär war – zu initiieren (das Spiel mit einfachen Mitteln und vielen Spielliedern gibt es im Deutschen Theaterverlag, Weinheim), und viele Eltern zum Mittun und Gestalten zu begeistern. Mütter und Väter machten mit und natürlich die Erzieherinnen auch. Als das Stück dann im großen Saal mit allem Drum und Dran, mit Musik und Kostümen aufgeführt worden war, mußte es mehrmals wiederholt werden, weil es sich sehr schnell herumgesprochen hatte, welch ein „Bonbon" da im Kindergarten entstanden war. Und viele begeisterte Väter drehten emsig ihre Videofilme, um das Ereignis für alle Zeiten festzuhalten.

Alle Jahre wieder müssen Sie sich den Kopf über die Gestaltung der Weihnachtsfeier zerbrechen. Ein geeignetes Weihnachtsspiel, das von den Tieren an der Krippe erzählt und das man bereits nach einmaligem spontanen Probieren den Kindern bei der Weihnachtsfeier (dann vielleicht mit Kostümen) vorspielen kann, ist Hartmut Kulicks „Warum die Kuh muhte“ (Geschichte und Spielvorschlag in R. Krenzer: „Die Adventszeit im Kindergarten“, Edition Kemper im Verlag Ernst Kaufmann, Lahr).

Von Gudrun Pausewang gibt es ein Krippenspiel, das in ganz einfachen Versen die Geschichte von der Geburt Christi erzählt. Dazu gehören auch Lieder, die von allen gesungen werden. Das Krippenspiel finden Sie ebenfalls in „Die Adventszeit im Kindergarten“ im Verlag Ernst Kaufmann, Lahr. – Von Kindern gespielt und mit vielen Melodien von Detlev Jöcker ergänzt finden Sie es auf der MC „Heute leuchten alle Sterne“, im Menschenkinder-Verlag, Münster. Dieses kleine Krippenspiel eignet sich gut zu einer gemeinsamen Aufführung von Eltern und Kindern. Wenn es Ihnen gelingt, die Eltern aus ihrer Reserve zu locken und vor allem die Väter mit anzusprechen, dann haben Sie gewonnen. Ist der Bann erst gebrochen und die Lust am Theaterspielen geweckt, dann können Sie mit den Eltern auch einmal rein aus „Spaß an der Freud“ etwas spielen.

Ein solches Spiel zum eigenen Vergnügen ist „Das deutsche Haus“, das ich selbst schon oft mit Eltern, mit LehrerInnen und natürlich mit Erzieherinnen gespielt habe. So oft, daß ich manchmal selbst nicht mehr daran glaubte, es könnten noch neue Situationen oder Variationen möglich sein. Doch stets ergaben sich total andere Momente, die nicht zuletzt durch die Eigenarten und Persönlichkeiten der einzelnen MitspielerInnen bedingt waren. Voraussetzung bei diesem Spiel ist, daß der Spielleiter oder die Spielleiterin nichts über die Pointe verrät und im Laufe des Spiels möglichst viele zum Mitspielen anregt, von denen aber keiner weiß, was ihn nun erwarten wird.

Hier der Verlauf:

Der Spielleiter/die Spielleiterin fragt, wer schon einmal Theater gespielt oder dort vielleicht sogar eine tragende Rolle übernommen hat.

Wenn sich zwei SpielerInnen finden, stellt der Spielleiter/die Spielleiterin sie nebeneinander und gibt ihnen ihre Aufgabe: „Ihr spielt den Vorhang! Ihr steht nebeneinander. Wenn der Gong ertönt, ‚wallt' jeder auf die andere Seite der Bühne, so daß das Spiel beginnen kann."

Weil zu dem Spiel nun auch ein Gong benötigt wird, darf jemand aus dem Zuschauerraum diesen darstellen. Das geschieht entweder, indem der- oder diejenige jeweils zu Beginn des Stückes laut „gong" ruft, oder daß ein zweiter Mitspieler dem Gong-Spieler leicht auf den Kopf schlägt, so daß dieser dann das Zeichen zum „Gong-Ruf" erhält.

1. Szene

Gong.
Der Vorhang öffnet sich.

2. Szene

Ein weiterer Mitspieler bzw. eine Mitspielerin kommt hinzu, stellt sich in die Mitte der Bühne, erhebt den Arm mit geballter Faust und spricht laut und überzeugend: „Hier steht ein deutsches Haus!"

Nach einer kurzen Probe folgt die Aufführung der beiden Szenen:

	„Gong!"
	Vorhang öffnet sich.
1. Spieler/in:	„Hier steht ein deutsches Haus!"
	Vorhang schließt sich.

3. Szene

Eine Mitspielerin/ein Mitspieler erhält den Auftrag, sich neben das deutsche Haus zu stellen, sich leicht hin und her zu wiegen, um eine Linde zu verkörpern, und folgenden Satz zu sprechen: „Die Linde wiegt sich im Winde."

Nach einer kurzen Probe folgt:

„Gong!"

Vorhang öffnet sich.

1. Spieler/in: „Hier steht ein deutsches Haus!"

2. Spieler/in: „Die Linde wiegt sich im Winde."

Der Vorhang schließt sich.

4. Szene

Ein weiterer Spieler bzw. eine Spielerin soll nun den Mond darstellen. Er/sie verkriecht sich zunächst hinter einem Stuhl oder einem anderen Gegenstand, geht dann langsam auf und spricht: „Der Mond geht auf!"

Nach einer kurzen Probe folgt:

„Gong!"

Vorhang öffnet sich.

1. Spieler/in: Hier steht ein deutsches Haus!"

2. Spieler/in: „Die Linde wiegt sich im Winde."

3. Spieler/in: „Der Mond geht auf."

Vorhang schließt sich.

Weitere Szenen

In der entsprechenden Reihenfolge kommen nun folgende weitere Rollen hinzu, die sich verbal und spielerisch verwirklichen sollen, wobei spätestens beim Auftritt des Mondes das Gelächter der Zuschauer immer größer wird und die Spieler selbst versuchen, ihre Rollen noch wirkungsvoller und treffsicherer zu gestalten.

Weitere Rollen:

„Ein Vöglein zwitschert leise."

Vogel steigt auf einen Stuhl, schlägt mit den Flügeln und zwitschert.

„Die Kuckucksuhr ruft neunmal Kuckuck!"

Die Kuckucksuhr wird dargestellt. Durch eine gespreizte Hand kommt die andere Hand neunmal hindurch und stellt den Kuckuck der Kuckucksuhr dar. Selbstverständlich muß auch neunmal „Kuckuck" gerufen werden.

„Ein Hase hoppelt durch das Gras."

Der Hase hoppelt quer über die Bühne.

„Ein Hirsch röhrt."

Der Hirsch deutet mit seinen Armen und Händen sein Geweih an und röhrt anschließend.

„Ein Jäger geht auf die Jagd."

Der Jäger schultert sein imaginäres Gewehr und geht über die Bühne.

„Er hat seinen Hund dabei."

Der Hund geht auf allen vier Beinen neben dem Jäger her und tut das, was Hunde gewöhnlich tun.

„Die Jungfrau schwebt um die Linde herum."

Die Jungfrau schwebt.

„Der Jüngling schleicht hinter der Jungfrau her."
Der Jüngling schleicht.

Wenn das Spiel bis dahin steht, erklärt der Spielleiter, bzw. die Spielleiterin daß er/sie jetzt auch noch mitspielen will. Und zwar in der Rolle des Vaters. Da es sich nun um die Uraufführung des neu entstandenen Werkes handelt, werden alle MitspielerInnen gebeten, mit äußerster Konzentration und Dramatik ihre Rollen zu spielen. Dann beginnt die Schlußszene.

Schlußszene

	„Gong!"
	Vorhang öffnet sich.
1. Spieler/in:	„Hier steht ein deutsches Haus!"
2. Spieler/in:	„Die Linde wiegt sich im Winde."
3. Spieler/in:	„Der Mond geht auf."
4. Spieler/in:	„Ein Vöglein zwitschert leise."
5. Spieler/in:	„Die Kuckucksuhr ruft neunmal Kukkuck."
6. Spieler/in:	„Ein Hase hoppelt durch das Gras."
7. Spieler/in:	„Ein Hirsch röhrt."
8. Spieler/in:	„Ein Jäger geht auf die Jagd."
9. Spieler/in:	„Er hat seinen Hund dabei."
10. Spieler/in:	„Die Jungfrau schwebt um die Linde herum."
11. Spieler/in:	„Der Jüngling schleicht hinter der Jungfrau her."
Spielleiter/in:	„Da tritt der Vater aus dem Haus und sagt: Man kann nicht glauben, daß man hier erwachsene Menschen vor sich hat!"

Es ist schade, daß Eltern, die sich für Feste und Feiern engagieren und gerne auch bei Spiel und Spaß mitmachen, mit ihren Kindern aus dem Kindergarten herauswachsen. Doch trösten Sie sich damit, daß Sie der Schule engagierte und begeisterungsfähige Mütter und Väter übergeben und daß dies zu einem wesentlichen Teil Ihr Werk ist.

Aktuelle Themen

Das leidige Thema Fernsehen

Da wir das Fernsehen nicht abschaffen können, sollten wir versuchen, seine negativen Auswirkungen so gut wie möglich in den Griff zu bekommen. Ein Elternabend zu diesem Thema ist deshalb wichtig, weil es vielen Eltern gar nicht bewußt ist, daß sie selbst es sind, die zu einem großen Teil die viel beklagten üblen Fernsehgewohnheiten ihrer Kinder prägen. Wie in allen Bereichen übernehmen Kinder auch beim Fernsehen die Gewohnheiten ihrer Eltern. Wenn der Fernsehapparat schon früh morgens eingeschaltet wird und die Familie den ganzen Tag begleitet, dann müssen sich Eltern nicht wundern, wenn ihre Kinder „abhängig“ werden.

Bereits vor 8.00 Uhr morgens sehen mehr als 360.000 Kinder fern. Gerade in dieser Zeit werden Zeichentrickfilme und Serien übelster Machart angeboten. Ihre einzige Absicht ist, möglichst viele Zuschauer anzulocken und durch geschickt eingestreute Werbespots die Werbeeinnahmen zu erhöhen. Der Trend, Kinder immer stärker als Konsumenten zu sehen und entsprechend zu „bewerben“, ist dabei unübersehbar. Die Produzenten solcher Sendungen machen es sich zunutze, daß Kinder im Kindergartenalter kaum zwischen Reklame und Sendung unterscheiden können.

In einem Bericht aus dem Stern (12. 02. 95) war zu lesen, daß schon sehr junge Kinder bestens über „Pornofilme" Bescheid wissen. Viele konnten plastisch berichten, was sie gesehen hatten, und benutzten das entsprechende Vokabular. Ein Dreikäsehoch, der zunächst verneint hatte, Pornofilme zu kennen, nickte schließlich, als er die anderen erzählen hörte und sagte: „Ach, *das* meint ihr! Das habe ich auch schon gesehen!"

Laut Statistik verfügt jedes fünfte deutsche Kind bereits über seinen eigenen Fernseher im Kinder(Schlaf-)zimmer. Kinder, die mit knapp drei Jahren sicher mit ihren Gameboys umgehen können, haben keinerlei Schwierigkeiten, den Fernsehapparat zu bedienen oder eine Videokassette einzulegen. Noch bevor sie die Wörter der technischen Geräte richtig aussprechen können, beherrschen sie die Handgriffe. Von dem allerdings, was dann über den Bildschirm flimmert, verstehen sie nur einen Bruchteil. Leider bleiben ausgerechnet die grausamsten und schlimmsten Szenen am tiefsten haften und verfolgen die Kinder oft bis in ihre Träume. Eine winzige Spinne, auf dem Bildschirm bis zu der Größe eines Hundes vergrößert, kann Angstträume wecken, weil dem Kind nicht klar ist, daß es sich hier um eine Vergrößerung handelt. Auch völlig unbedeutend erscheinende Nebenhandlungen können unter Umständen einen unheilvollen Eindruck hinterlassen.

Vor einem solchen Hintergrund verwundert es nicht, daß Fernsehen und Video im Kindergarten zunehmend eine Rolle spielen. Die Kinder bringen in den Kindergarten die nicht verdauten Inhalte der Sendungen mit. Ihre Ängste spiegeln sich in Gesprächen untereinander, in direkten Fragen an die Erzieherinnen, in ihren Spielen und in ihren Bildern, die sie malen. Da tauchen plötzlich blutrünstige Monster auf, verkrüppelte Menschen ohne Hände und Beine, riesige Ungeheuer, Messer, Sägen, Pistolen, Bomben – kurzum alles, was sie in Filmen gesehen und nicht verarbeitet haben.

Zusätzlich zu den seelischen kommen die körperlichen Schäden durch die ständige Berieselung, die Kopfschmerzen und Augenbrennen bereitet, und durch stundenlanges Sitzen, das zu Haltungsschäden und Aggressionsstau führt. Schaden durch übermäßigen Fernsehkonsum nehmen aber auch Phantasie und Kreativität. Fernsehen ist ein Medium, das uns die Sprache nimmt und uns im wahrsten Sinn des Wortes zu Analphabeten und Verkrüppelten macht.

Obwohl Sie sicher in der Lage sind, das Thema Fernsehen mit den Eltern allein, ohne Hilfe von außen, zu besprechen, lohnt es sich, einen Experten oder eine Expertin einzuladen, die über entsprechendes Vorführmaterial verfügen. Wenn Sie niemanden in Ihrer Nähe finden, so können Sie auch selbst einmal einen kurzen Zusammenschnitt entsprechender Sendungen auf Video aufnehmen. Oft wissen die Eltern gar nicht, was ihre Kinder sehen. Wichtig ist, daß sie die Wirkung der Filme einmal an sich selbst prüfen können. Dabei werden sie feststellen, wie nahtlos der Übergang zwischen Sendung und Reklamespot oft ist und wie schwer es sogar einem Erwachsenen fällt, beides sofort scharf zu trennen.

Ebenfalls können Dias eingesetzt werden, in denen Szenen, über die man sonst achtlos hinweggeht, festgehalten sind. Wenn man einer solchen Szene über einen längeren Zeitraum ausgesetzt ist, wird einem viel deutlicher, mit welcher Brutalität und Gewalt unsere Kinder ständig konfrontiert werden.

Sammeln Sie mit Blick auf das Thema Fernsehen entsprechende Kinderzeichnungen und bringen Sie sie am Elternabend mit. In erschreckend vielen Kinderzeichnungen spiegeln sich Horror und Gewalt aus Fernsehsendungen wieder. Viele Kinder bringen das, was ihnen Angst macht, ihre schlimmen Träume, auch in Bilder hinein, die eigentlich ein ganz anderes Thema haben. Es kann heilsam sein, einmal darüber nachzudenken, wie es wohl in Kindern aussehen mag, die solche Bilder malen.

Stärken Sie Eltern, die sich bemühen, das Fernsehen mit ihren Kindern sinnvoll zu nutzen und sie nicht jedes Machwerk anschauen lassen. Leider werden Kinder, die zu Hause die Sendungen, die bei der jeweiligen Gruppe gerade „in“ sind, nicht sehen dürfen, leicht zu Außenseitern, weil sie nicht mitreden können. Sprechen Sie auch dieses Problem an und überlegen Sie zusammen mit den Eltern, wie man es in den Griff bekommen kann.

Machen Sie den Eltern bewußt, daß sie für das Fernsehverhalten ihrer Kinder Verantwortung tragen. Deswegen sollten Eltern ihre eigenen Fernsehgewohnheiten überdenken. Wer sich nicht selbst von der Glotze lösen kann, wird auch seine Kinder nicht dazu bringen, mag er ihnen auch noch so oft predigen, wie schädlich zu vieles Fernsehen für sie ist. Wenn Ihre Eltern nach dem Elternabend mit dieser Erkenntnis nach Hause gehen, haben Sie viel erreicht.

Gesundheitsvorsorge

Innerhalb des weiten Feldes der Gesundheitsvorsorge ist es vor allem die Zahnpflege, die im Kindergarten eine Rolle spielt. Vielleicht gehören Sie zu den Kindergärten, die es erreicht haben, daß sie – wie die Schulen – einmal jährlich vom Schulzahnarzt bzw. der Schulzahnärztin besucht werden.

Vielleicht ist es Ihnen sogar gelungen, einmal mit Ihrer Gruppe zu einem Zahnarzt in die Praxis zu gehen. Das ist natürlich am leichtesten, wenn der Zahnarzt selbst ein Kind im Kindergarten hat. Ich bin aber noch niemals abgewiesen worden. Nur den Termin mußten wir danach richten, wann es dem Zahnarzt wirklich am besten paßte und sonst keine Patienten warteten. Doch dann durften wir alle einmal im Wartezimmer warten und uns auch im Behandlungsraum umsehen. Die mutigsten der Kinder durften sogar auf den Stuhl klettern und sich in den Mund schauen lassen. Zahnärzte kommen auch an kleine Lupen heran, mit denen man im Spiegel sich selbst seine Zähne von der anderen Seite hinten und vergrößert anschauen kann und schenken sie oft den Kindern, die sie begeistert mit nach Hause nehmen.

Danach sind Kinder meistens motiviert, fleißig ihre Zähne zu putzen, was Sie zusätzlich mit Bilderbüchern, Geschichten und Liedern unterstützen können. Als methodisch-didaktische Hilfen könnten Sie z. B. das Bilderbuch „Karin beim Zahnarzt“ von Gunilla Wolde einsetzen (Carlsen-Verlag, Reinbek). Auch das Spiel „Der dumme August und sein Zahn“ (Rolf Krenzer, „Heut spielen wir Theater“, Verlag Ernst Kaufmann, Lahr, und das „Zahnarztlied“ auf der MC „Bald tut es nicht mehr weh“, Studio-Union im Lahn-Verlag, Limburg) greifen das Thema auf. Empfehlenswert ist ebenfalls das Arbeitsheft „Beim Zahnarzt“ (Hirschgraben Verlag, Frankfurt) zum Ausmalen und Darüber-sprechen. Als Einstieg zum gemeinsamen Zähneputzen nach dem Frühstück können Sie den Zahnputz-Kanon mit den Kindern singen:

Soll das Zähneputzen
auch den Zähnen nutzen,
putzen wir sie gründlich,
zwar nicht stündlich,
doch so oft es geht!

Aber was nutzen alle Ihre Anstrengungen im Kindergarten, wenn die Eltern es zu Hause versäumen, ihr Kind zum regelmäßigen Zähneputzen anzuhalten? Mit einem Elternabend zum Thema Zahnpflege können Sie hier die dringend notwendige Aufklärungsarbeit leisten. Laden Sie den Schulzahnarzt bzw. die Schulzahnärztin dazu ein. Telefonnummer oder Anschrift erfahren Sie über das Gesundheitsamt. Niedergelassene Zahnärzte sind meistens aus Konkurrenzgründen zu einem Besuch im Kindergarten nicht bereit, es sei denn, daß es sich (siehe oben!) um einen Vater handelt, der ein Kind im Kindergarten hat.

Die Zahnärztin wird wahrscheinlich das riesige Gebiß mitbringen, an dem sie auch den Schul- und Kindergartenkindern bei ihren Besuchen zeigt, wo sich Speisereste besonders hartnäckig festsetzen. Mit einer Riesenzahnbürste demonstriert sie, welches die erfolgversprechendste „Reinigungstechnik“ ist.

Bald wird sich im Verlauf des Abends herausstellen, daß man die Pflege der Zähne nicht isoliert von anderen Bereichen der Gesundheitsvorsorge sehen kann. Denn schlechte Zähne hängen oft in einem unmittelbaren Zusammenhang mit ungesunder Ernährung und falschen Eßgewohnheiten.

Es ist deshalb zu überlegen, ob man das Thema „Zahnpflege“ nicht von vornherein mit dem Thema „Gesunde Ernährung“ verbindet und neben dem Zahnarzt eine Ernährungsberaterin mit einlädt, die den Eltern Tips und Hilfen für eine richtige Ernährung gibt.

Es ist immer wirkungsvoller, wenn solche Informationen von einem Fachmann bzw. einer Fachfrau kommen, als wenn Sie selbst den Eltern sagen, wie schädlich die bei Kindern so beliebten Fast-Food-Gerichte, die gesüßten Fruchtsäfte und Limonaden und die übersüßen Schokoriegel sind, die Kinder krank machen können und ihre Hersteller reich werden lassen.

Die Ernährungsberaterin wird bestimmt um den stärkeren Einsatz gesunder Vollwertkost werben und den Eltern auch entsprechendes Informationsmaterial zur Verfügung stellen. Vielleicht ergibt es sich, daß einzelne Eltern bereit sind, sich zu einigen Kochabenden im Kindergarten zu treffen, um besonders ansprechende Rezepte der Vollwertkost und vielleicht auch der vegetarischen Ernährung auszuprobieren.

Umfangreich ist der Themenkatalog, über den ein Kinderarzt bzw. eine Kinderärztin sprechen kann. Einige Stichworte mögen hier als Anstoß genügen:

- die Entwicklung des Kindes aus medizinischer Sicht
- allgemeine Vorsorge
- Kinderkrankheiten
- Schutz vor ansteckenden Krankheiten
- Läuse im Kindergarten
- Gefahr von Zecken und Wespenstichen im Sommer
- Allergien, deren zunehmende Verbreitung Eltern bereits vor zwanzig Jahren zur Gründung eines Vereins auf Bundesebene bewegt hat. Dort bekommen Sie Informationen und Material
- häusliche Unfälle (Verbrennungen, Verbrühungen, Stürze, Brüche, tiefe Schnittwunden usw.) und Maßnahmen zur Ersten Hilfe
- Aufklärung über die Gefahr von Rausch- und Suchtmitteln, vor denen heute nicht einmal mehr Kinder im Kindergarten gefeit sind.

Achten Sie darauf, daß Ihre ReferentInnen nicht länger als maximal 45 Minuten sprechen. Dann bleibt noch Zeit zum Nachfragen und Vertiefen. Erfahrungsgemäß sind Eltern gerade an Fragen der Gesundheit sehr interessiert.

Auf keinen Fall darf an einem solchen Abend vergessen werden, das Problem der Kindesmißhandlung anzusprechen. Lassen Sie sich darüber informieren, was Sie tun müssen, wenn Sie eine Kindesmißhandlung vermuten oder gar sichere Kenntnis davon haben. An wen kann man sich vertraulich wenden? Wer ist zum Eingreifen verpflichtet (Gesundheitsamt, Kriminalpolizei, Untersuchungsbehörden)? Kindesmißhandlung ist ein sehr trauriges Thema; um so wichtiger ist es, darüber aufzuklären und zu informieren.

Umweltschutz

Zu unserer Verantwortung der nachwachsenden Generation gegenüber gehört es auch, daß wir ihr eine Umwelt hinterlassen, in der sie alles vorfinden, was sie zum Leben braucht.

Viele junge Eltern heute sind umweltbewußt und geben sich große Mühe, schonend mit der Natur umzugehen. Doch ist es gewiß einen Elternabend wert, gemeinsam zu überlegen, ob wir in diesem Bereich nicht noch mehr tun und wie wir unsere Kinder zur Achtung vor der Schöpfung erziehen können.

Ermutigen Sie die Eltern, mit ihren Kindern so viel Zeit wie möglich draußen in der Natur zu verbringen und dabei bewußt auf Tiere, Blumen, Bäume aufmerksam zu machen. Kinder sollten viele Gelegenheiten haben, die Natur mit allen Sinnen zu erleben – ihre Düfte zu riechen, ihre Früchte zu schmecken, ihre Wunder zu sehen, zu fühlen, wie gut es tut, an einem heißen Sommertag die Beine in einen kühlen Waldbach zu strecken.

Vielleicht planen Sie im Anschluß an einen solchen Elternabend eine gemeinsame Wanderung. Oder Sie überlegen, wie Sie den Kindern die Möglichkeit verschaffen könnten, ein eigenes Beet anzulegen. Gerade bei Stadtkindern ist es wichtig, sie den Kreislauf von Wachsen, Reifen und Vergehen erleben zu lassen, den sie in ihrer Umgebung sonst kaum mehr beobachten können.

Aber auch so prosaische Themen wie Müllvermeidung oder richtige Müllsortierung gehören hierher. Besprechen Sie mit den Eltern, wie Sie es damit im Kindergarten halten und worauf Sie unbedingt Wert legen. Wenn unsere Bemühungen auf diesem Gebiet den Kindern gegenüber glaubwürdig sein sollen, müssen sich Kindergarten und Elternhaus möglichst auf die gleichen Regeln einigen. Sonst kann es passieren, daß ein Kind zu Hause auf falsches Umgehen mit Müll hinweist mit dem Vermerk: „Im Kindergarten machen wir das aber anders!“

Bei all unseren Anstrengungen in unserem privaten Bereich dürfen wir aber nicht vergessen, daß Umwelt eine höchst politische Angelegenheit ist. Wenn unsere Politiker es nicht bald wagen, die längst fällige Kehrtwendung zu vollziehen und sich weiterhin im Aussitzen und Vertrösten üben, treiben wir in eine Katastrophe. Warum sollte man deshalb an einem Elternabend nicht auch einmal über die Möglichkeiten reden, die man als einfacher Bürger bzw. Bürgerin hat, um auf Politiker Druck auszuüben – von Protesten, Leserbriefen, Bürgerinitiativen bis hin zu zivilem Ungehorsam.

Verkehrserziehung

In den letzten Jahren hat der motorisierte Verkehr geradezu explosionsartig zugenommen. Im Gegensatz dazu werden die Flächen für Fußgänger und besonders die Spielmöglichkeiten für Kinder immer mehr eingeschränkt. Bei vielen Neubauten und großen Wohnblöcken ist zwar die Zahl der Abstellplätze für Autos vorgeschrieben, aber kein Spielplatz für Kinder. Der Anspruch von Kindern auf Spielplätze ist mehr moralischer Art und beliebt als guter Vorsatz, der aber immer weniger in die Realität umgesetzt wird.

Hinzu kommt eine sinkende Verkehrsmoral. Auf unseren Straßen sind rüdes Fahrverhalten und rücksichtslose Raserei an der Tagesordnung. Es ist also keine übertriebene Ängstlichkeit, wenn manche Eltern ihre Kinder nicht allein auf die Straße lassen. Viele Kinder werden Tag für Tag während der gesamten Kindergartenzeit von ihren Eltern gebracht und wieder abgeholt.

Wenn die Mehrzahl der Eltern der Meinung ist, daß der Weg zum Kindergarten zu gefährlich ist oder daß durch eine neue Verkehrsführung zusätzliche Gefahren drohen, sollten Sie zu einem Elternabend einladen. Am besten ist es, wenn Sie den zuständigen Verkehrsbeauftragten der kommunalen Verwaltung dazu bitten oder jemanden von der Schule, der eine zusätzliche Ausbildung zur Verkehrserziehung hat. Auch ein Verkehrspolizist könnte als Referent eingeladen werden.

Sie können an einem solchen Abend bestimmt nicht alle anstehenden Probleme lösen. Aber die Eltern haben Gelegenheit, mit den Zuständigen zu sprechen, und es können gemeinsam Lösungen beraten werden. Vielleicht erreichen Sie durch einen solchen Elternabend, daß Stadtverordnete und Mitglieder Ihres Kindergartenbeirats eine Ortsbegehung machen und sich an Ort und Stelle über die Verkehrssituation informieren. Das Ergebnis könnten dann kindersichere Bürgersteige und Übergänge sowie geschützte, verkehrsberuhigte oder -gesperrte Zonen sein.

Die Neuen sind da! – Vorschlag zur Gestaltung eines Elternabends

Begrüßung

Da stehen Sie nun und warten. Warten darauf, daß auch möglichst alle Eltern zum Elternabend kommen. Zum erstenmal werden Sie sie alle zusammen vor sich sehen. Die Eltern der Kinder, die vor vier Wochen neu in den Kindergarten gekommen sind und sich von Tag zu Tag besser eingewöhnen.

Wie sollen Sie beginnen? *Sie* sind es ja, die zuerst etwas sagen müssen. Und gerade die ersten Worte sind es, die uns – wenn wir nicht große Übung haben – auch so besonders schwerfallen. Ihre ersten Worte sollen sozusagen das Eis brechen, sollen die Eltern aufmerksam machen, sollen einen guten Eindruck hinterlassen... Ja, was überlegt man sich nicht alles, wenn man jetzt an der Eingangstür steht, bereit, die Eltern, die kommen, mit Handschlag zu begrüßen.

Sie haben die Stühle im Kreis aufgestellt und rechnen damit, daß ungefähr bis zu dreißig Eltern kommen werden. Soviel haben jedenfalls auf dem an der Einladung angehängten Abschnitt vermerkt, daß sie kommen wollen. Vielleicht sind auch ein paar Väter dabei. Sicher! Denn in den letzten Jahren sind doch immer mehr Väter mitgekommen. Aber das steigert nur noch das Lampenfieber. Nur vor den Müttern sprechen, so von Frau zu Frau, ist einfacher.

Aber wie fangen Sie an? Die Kolleginnen, die heute abend auch dabei sind, haben es leicht. Sie brauchen nicht zu sprechen, brauchen nicht die ersten Worte zur Begrüßung zu sagen.

Gut, Sie nennen Ihren Namen, erzählen ein bißchen davon, seit wann Sie hier im Kindergarten arbeiten, welche Gruppe Sie bis zu den Sommerferien hatten... Halt!

Nein! Zuerst müssen Sie alle begrüßen. Vergessen Sie dabei auch die Kolleginnen nicht. Ob Sie Ihre Kolleginnen namentlich vorstellen (z. B. Anita Grün, Marylin Jüntschke) oder jeweils mit dem Zusatz „Frau", hängt von den Gepflogenheiten in Ihrem Kindergarten ab. Nach der Begrüßung folgen dann einige Informationen zu Ihrer Person und Ihrer Arbeit.

Trösten Sie sich: Die Eltern, die zu diesem Abend gekommen sind, haben auch so ihre Schwierigkeiten mit der freien Rede, obwohl sie sich nur mit ihrem Namen vorstellen und sagen sollen, wie ihr Kind heißt. Achten Sie einmal darauf: Fast alle räuspern sich, hüsteln oder husten, bevor sie anfangen. Sie streichen sich über das Haar, greifen sich an die Nase, an die Stirn, fahren unruhig mit den Händen hin und her... alles aus Verlegenheit. Und dann gibt es noch Frauen, die gleich alles ihrem Mann überlassen. Von wegen Emanzipation!

Denken Sie vor allem daran, laut und langsam zu sprechen, damit jeder Sie verstehen kann. Sprechen Sie deutlich! Es gibt für Zuhörer nichts Schlimmeres, als wenn jemand das, was er sagen will, nur so ganz schnell hinhaucht. Die Unsicherheit überträgt sich sofort.

Also: Sprechen Sie laut, deutlich und langsam ...und tun Sie, als ob diese Begrüßung heute etwas wäre, was Sie Tag für Tag tun. Ja, ein bißchen Schauspielerei kann einem da schon weiter helfen.

Beispiel:

Einen recht schönen Abend, liebe Eltern! Ich möchte Sie herzlich zu unserem ersten Elternabend hier im Kindergarten begrüßen. Ich freue mich, daß Sie so zahlreich gekommen sind. Begrüßen möchte ich auch meine Kolleginnen, Frau Hermann, Frau Klein und Frau Carlsen, die Sie heute abend dann auch kennenlernen können. Dann möchte ich Ihnen noch unsere Jahrespraktikantin vorstellen, Carmen Klingelhöfer. Sie arbeitet mit mir zusammen in der Gruppe mit Ihren Kindern. Meinen Namen kennen

Sie sicher bereits, vielleicht auch von Ihren Kindern. Ich heiße Sybille Pagel und arbeite seit vier Jahren hier im Kindergarten.

Ich habe mich sehr darauf gefreut, in diesem Jahr wieder einmal mit den Kleinen anzufangen. Die ersten Wochen haben mir und sicher auch Ihren Kindern bereits viel Spaß gemacht. Und jetzt bin ich sehr gespannt, auch Sie ein bißchen näher kennenzulernen.

Wenn Sie sich reihum vorstellen, erfahren wir alle die Namen der anderen Eltern. Und wenn Sie noch dazu den Namen Ihres Kindes nennen würden, dann werden die anderen Eltern Sie sicher bereits zuordnen können. Denn die Namen Ihrer Kinder werden von den anderen sicher auch ab und zu zu Hause genannt.

Wenn Sie bitte anfangen würden...

So oder ähnlich könnten Sie beginnen. Dann haben Sie zunächst einmal eine Verschnaufpause, weil nun reihum jede(r) seinen Namen nennt.

Sie können auch die Vorstellungsrunde mit einem Spiel beginnen. So etwas lockert auf, und es fällt den einzelnen nachher viel leichter, sich zu äußern und in vielerlei Weise etwas zum Gelingen des Abends beizutragen.

Beispiele:

Vorstellung mit einem Wollknäuel

Sie nennen Ihren Namen und werfen ein dickes Wollknäuel einem im Kreis zu, der es dann auffängt. Kennen Sie seinen Namen, nennen Sie ihn. Kennen Sie ihn nicht, soll er sich selbst vorstellen und dann das Wollknäuel einem anderen zuwerfen. Wichtig ist, daß jeder den Wollfaden in der Hand behält, so daß sich das Knäuel beim Weiterwerfen immer weiter aufrollt, jeder aber mit dem anderen durch den Wollfaden verbunden bleibt. Sie müssen das Endstück fest in der Hand behalten.

Wenn sich alle vorgestellt haben, ist im Kreis ein buntes Wollfadengeflecht entstanden, das nun wieder entwirrt werden soll. Dabei geht man umgekehrt vor: Der letzte nennt den Namen des vorletzten und versucht, mit dem Knäuel in der Hand zu ihm zu kommen, wobei das Stück Faden von sich zu ihm wieder auf das Knäuel wickelt. Nun geht es immer weiter zurück. Wenn man den Namen nicht mehr weiß, wird einem bestimmt jemand helfen. Das ist ein Spiel, das Hemmungen lösen hilft und Ihnen und den Eltern ein erstes Stück vertrauten Umgehens miteinander ermöglicht.

Ich stelle Sie, und Sie stellen mich vor

Es geht im Kreis herum: Jeweils zwei gehören nun zusammen und sollen sich nachher gegenseitig vorstellen. Das bedeutet, daß Sie den Eltern gut fünf Minuten einräumen müssen, um sich miteinander auszutauschen und einander das Wichtigste von sich selbst zu erzählen. Das fällt natürlich jedem viel leichter als in der großen Runde. Wenn Sie merken, daß die Eltern richtig ins Reden kommen, warten Sie noch etwas, bevor Sie nun nacheinander auffordern, die Nachbarin oder den Nachbarn vorzustellen.
Die Vorstellung wird dann oft sehr kurzweilig und lustig und macht so gelöst, daß man sich auch leichter tut, um sich an den anschließenden Gesprächen zu beteiligen. Ungefähr so könnte eine gegenseitige Vorstellung aussehen:

Herr Weber: Die charmante junge Frau an meiner Seite ist nicht mit mir verheiratet, aber wir haben beide miteinander Kinder...hier im Kindergarten. Ihr Sohn heißt Daniel Schneider und ist gerade vier Jahre alt geworden. Frau Schneider selbst ist verheiratet und hat außer dem Daniel noch die kleine Ann, die aber erst zwei Jahre alt ist. Frau Schneider ist als Bürokraft halbtags bei der Firma Wangenrot beschäftigt. Ja, ihren Vornamen hat sie mir auch noch verraten: Sie heißt Julia.

Frau Schneider: Neben mir sitzt Herr Weber, der mit Vornamen Robert Heinz heißt und von seinen Freundinnen, Entschuldigung, von seinen Freunden am liebsten Bob genannt wird. Bob hat eine kleine Tochter, die Iris und noch eine ältere Tochter, die Susi, die aber bereits das vierte Schuljahr besucht. Er arbeitet bei der Telekom. Und dann hat er noch eine nette Frau, die neben ihm sitzt.

Sie sollten dann fragen, ob etwas Wichtiges vergessen wurde und dies dann von den beteffenden Eltern ergänzen lassen.

Zum Üblichen noch etwas Originelles hinzufügen!

Jede(r) erhält die Aufgabe, zu der eigenen Vorstellung noch etwas hinzuzufügen, das auf originelle Weise noch etwas mehr über ihn bzw. sie aussagen kann, zum Beispiel ein Hobby, den Lieblingssänger, den Lieblingssportler, das Lieblingsbuch, den Lieblingsfilm, die Lieblingssendung usw.

Einstieg durch Lieder, Geschichten oder Bilder

Nach der Kennenlern-Runde kann man mit einem gemeinsamen Lied beginnen. Vielleicht stellen Sie das Lied vor das die Kinder gerade im Kindergarten gelernt haben. Wenn Sie laut und schwungvoll beginnen, können Sie sicher sein, daß nach und nach alle einstimmen werden.

Voraussetzungen: Sie selbst müssen sicher wirken. (Wenn Sie sich allein nicht trauen, singen Sie mit Ihren Kolleginnen zusammen!) Sie selbst müssen das Lied auswendig singen können. Der Text muß so einfach sein, daß er sogleich aufgenommen und mitgesungen werden kann. Spiellieder eignen sich hierbei ganz besonders.

Es ist schade, daß bei uns kaum noch gesungen wird. Vor allem nicht in der Familie. Oft kennen die Eltern nur Bruchstücke einzelner früher weit verbreiteter und sehr bekannter Volkslieder. Manchmal noch nicht einmal die erste Strophe richtig. Wenn sie erst einmal ihre anfängliche Scheu überwunden haben, singen sie gern mit. Vor allem dann, wenn es sich um ein Lied handelt, das für alle neu ist und dessen Text man nach einmaligem Anhören gleich mitsingen kann.

Ich erinnere mich an einen Elternabend in einem kleinen Dorfkindergarten, an dem ich mit den Eltern über das Thema „Kinder und Fernsehen“ arbeiten sollte. Als ich ankam, waren fast alle Eltern – es handelte sich ausschließlich um Mütter – bereits da und saßen im großen Kreis, den sie etwa bis zu zwei Drittel füllten. Ich setzte mich unauffällig (wie ich meinte) neben eine Frau, die aber sofort aufstand und sich gegenüber einen neuen Platz suchte. Nun, ja!

Da saß ich nun und war richtig froh, als die Leiterin des Kindergartens, die mich bereits an der Tür begrüßt hatte, nun auch hereinkam und sich neben mich setzte.

Mir gegenüber saß eine etwas korpulente Mutter, die mit ihren Nachbarinnen links und rechts laut lachte und kicherte. Vielleicht aus Verlegenheit, vielleicht aber auch aus anderen Gründen. Als ich mir dann unauffällig die Frauen rundum ansah, mußte ich daran denken, daß sie zum überwiegenden Teil bereits ein anstrengendes Tagewerk hinter sich hatten. Alle arbeiteten auf dem Feld und im Stall, während die Männer in der benachbarten Kleinstadt in der Fabrik schafften. Die Männer saßen sicher zu Hause mit einem Bier vor dem Fernseher, und die Frauen waren der Einladung zu diesem Elternabend hoffentlich aus Interesse, vielleicht aber auch nur aus Höflichkeit gefolgt. Waren sie nicht bereits zu abgeschafft, um dem Thema überhaupt noch folgen zu können?

Als ich vorgestellt worden war, fragte ich, ob wir nicht mit einem Lied beginnen könnten? Ein vorsichtiges Gelächter erfolgte darauf, und die Frau mir gegenüber lachte doch tatsächlich laut los, versuchte aber sofort, ihr Lachen zu unterdrücken: Ein Mann, den man zu einem zumindest wissenschaftlichen Vortrag erwartet hatte, wollte singen! Das paßte nicht in die Erwartungshaltung.

Ich ließ mich nicht beirren, stand auf und begann laut mit einem winzigen Lied: „Kleiner Käfer auf der Hand, ich schau dir gerne zu…“ (aus R. Krenzer: „Ich freu' mich, daß du da bist“ – Meine schönsten Lieder, Herder, Freiburg).

Das Lachen verstummte. Nur die Frau mir gegenüber konnte es nicht unterdrücken. Sie kicherte immer noch mit einem hochroten Kopf.

Ich stand auf und ging mitten durch den Kreis zu der folgenden Strophe auf diese Frau zu: „Gleich fliegst du los ins fremde Land. Das geht bei dir im Nu!“ Jetzt stand ich vor ihr und deutete auf sie, was sie mit lautem Lachen quittierte. Ich ging vor ihr in die Hocke und pumpte mit beiden Armen, während ich sang: Nun pumpt er und pumpt er und pumpt er fest am Ort…“

Alles lachte, aber die Frau vor mir hob ihre Ellbogen hoch und pumpte unter Lachen tatsächlich mit. „Dann breitet er die Flügel aus und fliegt ganz einfach fort…“ sang ich, breitete die Arme auseinander, faßte mein Gegenüber an der Hand… und wir flogen mit ausgebreiteten Flügeln im Kreis herum. Sie hatte keinen Moment gezögert und war sofort mitgekommen!

Nun handelt es sich bei diesem Lied um ein sogenanntes Schneeballspiel. Wir flogen also bei der nächsten Strophe, die den gleichen Wortlaut hat, zu zwei anderen Frauen im Kreis, und am Ende flogen wir alle singend und lachend als Schmetterlinge im Kreis herum.

Wir sangen danach noch ein weiteres Lied, und dann begann ich mit meinem Referat.

Ich kann diese Situation nicht oft genug schildern, weil ich hier eine Erfahrung machte, die mich sehr beeindruckt hat: Die Mütter nämlich ließen mich danach nicht lange allein vortragen, sondern schalteten sich sehr schnell ein. Es entstand ein interessantes und engagiertes, ein tiefes und ehrliches Gespräch, an dem sich alle beteiligten.

Als dann das Ende dieses Abends angekündigt wurde, war es die erste Mutter, die ich aufgefordert hatte, die sich noch einmal zu Wort meldete. „Wir singen aber noch einmal das Lied von dem Käfer!“ sagte sie, und ihr Vorschlag wurde von allen aufgegriffen. Erst dann war der Abend zu Ende. Danach verabschiedeten sich die Mütter von mir mit einem Händedruck, und jede hatte noch ein freundliches Wort. Alle Müdigkeit war dahin. Richtig munter waren wir alle an diesem Abend geworden.

Ein solcher Anfang ist sicher einen Versuch wert. Wenn Sie sich aber vor dem Singen mit den Eltern fürchten, dann sollten sie es verschieben, bis Sie selbst etwas mutiger geworden sind. Manchmal staunt man dann über sich selbst.

Vielleicht möchten Sie die Aufmerksamkeit der Eltern lieber über eine Geschichte wecken. So kommen Sie schnell zu den Inhalten, mit denen Sie sich an diesem Abend noch intensiver beschäftigen möchten. Als Beispiel stelle ich Ihnen die Geschichte von einem sensiblen kleinen Jungen und seiner ersten Begegnung mit dem Kindergarten vor.

Jonathan und der Kindergarten

Er war dreieinhalb Jahre alt, als er vor den Sommerferien zum erstenmal zwischen seinen Eltern, von beiden fest an der Hand gehalten, in den Kindergarten kam. Bisher war er nur zu Hause gewesen. Ein Tag bei einer Tagesmutter vor einem halben Jahr, als noch kein Kindergartenplatz für ihn frei war, muß für ihn so schlimm gewesen sein, daß die Eltern ihn zu Hause kaum beruhigen konnten. Er schrie, als sie ihn am nächsten Morgen wieder in den Wagen packten, um ihn erneut dorthin zu fahren. Dabei hatte die Tagesmutter einen außerordentlich netten Eindruck gemacht.

Beide Eltern arbeiteten in einem Heim für geistig Behinderte im Schichtdienst und hatten es sich so einrichten können, daß immer einer von ihnen zu Hause war, während der andere arbeitete. Ein älteres Kind ging bereits zur Schule, das jüngste war gerade so alt geworden, daß die Mutter ihren Schwangerschaftsurlaub beenden und wieder ihre Arbeit aufnehmen wollte.

Mit der Erzieherin, Frau Steinmetz, war ausgemacht, daß Jonathan ein paarmal vor dem Eintritt in den Kindergarten mit seinen Eltern für eine kurze Zeit kommen durfte, um sich einzugewöhnen und zu erleben, daß es gar nicht so schlimm war, einen neuen Ort und neue Menschen kennenzulernen.

Beim ersten Mal ließ Jonathan die Hände seiner Eltern erst nach langer Zeit los. Dann stand er da und guckte zu, was die anderen spielten. Wenn ihn Frau Steinmetz ansprach, nickte er nur oder schüttelte den Kopf. Sichtlich erleichtert ging er nach etwa einer halben Stunde wieder zwischen seinen Eltern davon.

In der nächsten Woche war er wieder da. Beide Eltern waren dabei, doch nur der Vater hatte ihn an der Hand. „Er hat sich schon darauf gefreut!" sagte seine Mutter leise. Und Jonathan gab Frau Steinmetz gleich zur Begrüßung die Hand. Er nahm auch das große Bauauto dankbar an, das sie ihm reichte.

„Das hat er auch zu Hause!" meinte sein Vater und grinste. Dann spielten sie alle drei zusammen mit dem Auto. Als Jonathan genug hatte, gingen sie wieder. Diesmal kam Jonathan bereits ganz selbständig zu Frau Steinmetz, um sich von ihr zu verabschieden. „Na, das wird ja!" sagte sie und lächelte den Eltern zu.

Noch zweimal kam Jonathan mit seinen Eltern. Jedesmal hatten sie extra zu Hause einen Babysitter für ihren Jüngsten engagieren müssen. Aber Jonathan wollte unbedingt beide mithaben.

Als er zuletzt da war, beteiligte er sich – zwar nur zögernd und vom sicheren Platz im Kreis aus – sogar an einem Kreisspiel. „Häschen in der Grube", sangen die Kinder, und Jonathan sang ein bißchen mit, wenn er sich auch strikt weigerte, selbst einmal das Häslein zu spielen. „Das kommt auch noch!" sagte Frau Steinmetz, als sie sich verabschiedeten!

„Bis nach den Ferien dann!" meinte seine Mutter erleichtert. „Er spricht nur noch vom Kindergarten und freut sich darauf!"

„Ja, dann wird wohl nichts mehr schiefgehen!" fügte sein Vater hinzu.

Als Frau Steinmetz dem Kleinen nachsah, der sich jetzt an der Tür noch einmal umwandte, begann sie sich schon ein bißchen auf dieses sensible Kerlchen zu freuen.

Der erste richtige Tag im Kindergarten verlief dann allerdings ganz anders, als alle es erwartet hatten.

Jonathan kam voller Eifer mit seinen Eltern, ließ sich sogar gleich auf ein Spiel ein, das Frau Steinmetz mit den Kindergartenanfängern spielte, und hatte offensichtlich seinen Spaß dabei. Die anderen Eltern, die auch mit ihren Kindern gekommen waren und im Hintergrund standen und zuschauten, beachtete er nicht, seine eigenen Eltern kaum. Als dann ein Elternteil nach dem andern Frau Steinmetz kurz zunickte, bevor es leise ging, kümmerte er sich nicht darum. Er war so in sein Spiel vertieft, daß er es auch nicht wahrnahm, als seine eigenen Eltern gingen.

Aber dann geschah es: Er blickte sich um, entdeckte seine Eltern nicht mehr und warf sich sogleich mit einem lauten Weinen auf den Boden. Weder Frau Steinmetz noch der Praktikantin, die mit in der Gruppe war, gelang es, Jonathan zu beruhigen. Er trat wild mit den Beinen um sich, wenn man an ihn herankam, weinte, schluckte und schrie sich heiser. An ein Arbeiten mit den anderen Kindern in der Gruppe war nicht mehr zu denken. Schon begannen mehrere, laut in sein Geschrei einzustimmen. Einen so schlimmen ersten Tag mit den Neuanfängern im Kindergarten hatte Frau Steinmetz vorher noch nie erlebt.

Etwa eine Stunde lang hielt sie das Geschrei aus. Doch der Junge beruhigte sich nicht. Er lag heulend auf dem Boden und jammerte nach seiner Mama und nach seinem Papa.

Da ging Frau Steinmetz endlich zum Telefon.

Der Vater kam kurz danach, um seinen Jungen zu holen. Er wirkte genauso verzweifelt, als er das heulende Bündel auf seine Arme nahm und hinaustrug. Trotzdem versuchte er, Frau Steinmetz noch entschuldigend und tapfer zuzulächeln. Sie lächelte zurück, und es tat ihr weh.

Am nächsten Tag kam die Mutter mit Jonathan. „Er hat es einfach nicht begriffen, daß wir nicht mehr da waren!" versuchte sie zu erklären. „Er hat seit seinen Besuchen vor den Ferien immer gemeint, daß wir im Kindergarten dabeibleiben. Es ist auch keiner von uns auf die Idee gekommen, ihn darauf vorzubereiten. Für uns war das so selbstverständlich."

Und jetzt sollte Jonathan wirklich lernen, allein im Kindergarten zu bleiben. Ohne Mama und ohne Papa. Das war schwer.

Mißtrauisch sah er sich an diesem Vormittag immer wieder nach seiner Mutter um und war erst beruhigt, wenn er sie erblickte. Und die arme Frau mußte den ganzen Vormittag wieder in der Ecke aushalten, bis Jonathan mittags mit ihr nach Hause ging. Am nächsten Tag mußte sie zwischendurch einmal zur Toilette und erklärte dies Jonathan auch. Jonathan war einverstanden.

In den folgenden Tagen unternahm sie vom Kindergarten aus ihre Einkäufe. Sie kam dazwischen immer wieder einmal zurück, damit Jonathan sicher sein konnte, daß sie nicht ganz fort war. In der nächsten Woche kam der Vater mit.

Irgendwann am Vormittag machte er dann seinem kleinen Sohn klar, daß er jetzt selbst zur Arbeit müsse. Jonathan trauerte zwar, als er ging, blieb auch lange noch mit starrem Blick zur Tür stehen, ließ sich aber dann nach einer Weile doch wieder mit einem Spiel beschäftigen.

Am Ende der zweiten Woche waren sie dann so weit, daß der Vater nur noch kurz mit in den Gruppenraum kommen und Jonathan beim Ausziehen helfen mußte, bevor er gehen konnte. Und in der folgenden Woche, als die Mutter ihn wieder brachte, hatten sie es endlich geschafft. Es genügte schon, wenn sie ihn am Kindergarten ablieferte. Dann stürzte er sich sogleich auf Frau Steinmetz und die Praktikantin und all die anderen Kinder, mit denen er nach und nach Freundschaft geschlossen hatte.

Ja, Jonathan hatte es geschafft!

Wenn Sie es sich zutrauen, eine solche Geschichte zum Einstieg in den Elternabend zu erzählen, werden Sie schnell das Eis brechen, denn für alle Eltern ist der erste Kindergartentag mit irgendwelchen Erlebnissen verbunden, über die sie gerne reden. Und sie fühlen sich mit den Problemen des Kindergartens konfrontiert, die ihnen in der Geschichte auf liebenswürdige Weise nahegebracht werden können.

Auch eine Geschichte, über die man beim Zuhören schmunzeln kann, stellt einen guten Anfang dar. Handelt es sich bei Ihrem Kindergarten um eine konfessionelle Einrichtung, dann merken die Eltern an den folgenden Geschichten gleich, daß sich religiöse Erziehung wesentlich gewandelt hat, daß sie toleranter, liebenswürdiger und kindgerechter geworden ist.

Das Ferkel wird jedenfalls nicht geopfert

Zum Erntedanksonntag haben sich die Helfer und Helferinnen im Kindergottesdienst etwas Besonderes ausgedacht: Jeder soll etwas von zu Hause mitbringen. Alles wollen sie dann auf den Altar legen, damit es jeder sehen kann. Am Erntedanksonntag ist nämlich Familiengottesdienst. Da kommen alle Kinder mit ihren Eltern und auch alle anderen Erwachsenen, die sonst in den Erwachsenengottesdienst gehen.

Am Sonntag vorher ist die Gruppe der Ältesten aus dem Kindergarten eingeladen in die Kirche, um etwas vorzubereiten.

Beim Mittagessen zu Hause überlegt Ann, was sie wohl am Erntedanksonntag mitnehmen könnte. Sie fragt die Eltern und Martin, ihren großen Bruder.

„Vielleicht ein paar Möhren aus dem Garten?" fragt Mutti. „Die machen sich immer gut auf dem Altar! Wir haben sie früher auch immer zum Erntedankfest mit in den Gottesdienst gebracht."

Ann schüttelt empört den Kopf.

„Nein! Es soll etwas sein, von dem wir uns nur schwer trennen!" sagt sie. „Und Obst braucht es auch nicht unbedingt zu sein. Wir wollen alles ja später noch fortschicken."

„Möhren sind kein Obst, sondern Gemüse!" verbessert Mutti. „Und dazu noch sehr gesundes Gemüse! Aber fortschicken kann man sie natürlich nicht."

„Wohin soll denn alles geschickt werden?" fragt Vati. „Nach Indien oder Afrika?"

Ann zuckt mit der Schulter. Nein, das weiß sie nicht mehr. Sie erinnert sich noch nicht einmal daran, ob sie darüber überhaupt im Kindergottesdienst heute morgen gesprochen haben.

„Es soll etwas sein, von dem wir uns nur schwer trennen!" sagt sie. Ja, das hat sie sich behalten.

„Dann können wir keine Möhren nehmen!" lacht Martin. „Möhren magst du nicht. Das wäre also bestimmt kein Opfer für dich!"

„Und Spinat auch nicht!" sagt Mutti und schaut auf Martins Teller. Sie schiebt ihm noch einmal die Schüssel mit dem grünen Gemüse hin.

„Aber etwas nimmst du noch. Spinat ist sehr gesund!"

„Ich habe noch nie Spinat auf dem Erntedanktisch gesehen!" sagt Martin und nimmt noch einen kleinen Löffel auf seinen Teller. „Und was wollen sie in Indien oder in Afrika mit unserem Spinat?"

„Spinat ist jedenfalls für uns kein Opfer!" meint Papa und greift noch einmal zu. Er mag Spinat sehr gern.

„Was ist ein Opfer?" fragt Ann.

„Etwas hergeben, was man gern hat!" sagt Martin.

„Man muß es schon sehr gern haben." Mutti blickt Ann nachdenklich an. „So gern muß man es haben, daß man es sehr vermissen würde, wenn man es nicht mehr hätte."

„Hm!" sagt Ann und ißt schweigend ihren Teller leer.

„Wackelpeter würde ich sehr vermissen!" sagt sie dann, als Mutti ihr den roten wackligen Wasserpudding hinstellt.

„Und ich die Vanillesoße!" lacht Martin und nimmt soviel davon, daß Mutti alle Mühe hat, ihn zu bremsen.

„Ja, das wäre schon ein kleines Opfer!" sagt Vati und lacht. „Aber mit unserem Wackelpudding können sie bestimmt auch wenig anfangen!"

„Vor allem, weil alles darin Chemie ist!" Martin nickt und löffelt weiter.

Ann blickt Vati ganz lange an.

„Für dich..." beginnt sie zögernd. „Für dich wäre es ein richtiges Opfer, wenn du Mutti hergeben würdest!"

Mutti lacht. „Wer sagt denn, daß ich weg will?" fragt sie.

„Ich meine nur so..." Ann ist ganz verwirrt.

„Und was soll Mutti in Indien oder Afrika?" Martin könnte sich ausschütten vor Lachen.

Doch Vati bleibt ganz ernst. Er nickt Ann zu.

„Das wäre für mich ganz schlimm!" sagt er. „Das wäre ein Opfer, das ich nie bringen könnte. Nie im Leben!"

„Und du würdest Vati auch nicht opfern?" fragt Ann und blickt ihre Mutter an.

Mutti ist ernst geworden. „Nie im Leben!" sagt sie. „Weder Vati noch einen von euch beiden!"

„Und Oma und Opa auch nicht!" fügt Ann hinzu und ist beruhigt.

„Aber was bringe ich dann nächsten Sonntag mit?" fragt sie nach einer Weile.

„Sollen wir auch etwas mitbringen?" fragt Mutti ahnungsvoll.

„Natürlich!"

„Dann bleiben wir nächsten Sonntag zu Hause!" meint Vati. „Ich habe sowieso noch einiges zu tun!"

„Das gilt nicht!" sagt Martin und nickt seiner kleinen Schwester zu.

„Aber was sollen wir mitnehmen?" fragt Mutti und blickt Vati ratlos an.

„Meinen Tolstoi würde ich sehr vermissen!" sagt Ann nach einer Weile ganz leise.

Tolstoi heißt der riesige Teddybär, den ihr die Eltern zum Geburtstag geschenkt haben. Ann hat ihn so lieb, daß er nachts immer bei ihr im Bett schläft. Er ist so groß, daß Ann ihn immer ein bißchen zur Seite rücken muß, damit der Tolstoi genügend Platz hat und nachts nicht aus dem Bett fällt.

„Der Teddy war viel zu teuer!" ruft Mutti, fügt aber gleich hinzu: „Nun, ja... Wenn du meinst, Ann!"

„Ja, das wäre ein wirkliches Opfer!" meint Papa und sieht Ann ernst an.

„Er ist aber so riesengroß und läßt sich so schlecht verpacken!" Ann seufzt ganz leise.

„Wir hatten auch unsere Mühe mit ihm!" Mutti nickt.

„Er ist sicher viel zu groß!" meint Martin.

Da plumpst Ann ein dicker Stein vom Herzen.

„Ich könnte für eine Woche auf mein Taschengeld verzichten!" Ja, Martin macht sich jetzt wirklich auch Gedanken über ein Opfer.

„Dir reicht dein Geld ja vorn und hinten nicht, selbst, wenn du regelmäßig dein Taschengeld bekommst!" Mutti schüttelt den Kopf.

„Du könntest mir das Geld für die übernächste Woche vorlegen!"

Martin schweigt, weil er plötzlich selbst merkt, daß sein Plan nicht der allerbeste ist.

„Wir sollen bewußt auf etwas verzichten!" sagt Papa nachdenklich und sieht einen nach dem andern an. „Jeder von uns!"

„Wir müssen es aber nicht!" ruft Martin.

„Und wenn wir es aber wollen?" fragt Papa.

„Ich will!" sagt Ann. „Ja, ich will es! Und wenn der Tolstoi zu groß ist, dann nehme ich das Ferkel mit!"

Oweh! Mutti seufzt ganz unglücklich. Wie war es so schwierig gewesen, das kleine Ferkel aus dem Winnie-Pu-Buch für Ann zu bekommen! Als Tante Uschi letztes Jahr in England war, hatte sie fast drei Wochen gesucht, bis sie es endlich in einem kleinen Geschäft fand. Jetzt gehörte es Ann. Und Martin hatte Pu, den Bären. Aber eigentlich liebten sie alle das kleine Ferkel ganz besonders.

„Es ist sicher zu klein und unauffällig!" sagt Vati leise. „Sicher merkt keiner, was für ein Opfer das Ferkel für uns bedeuten würde!"

„Und mit dem Ferkel können sie in Afrika auch nichts anfangen!" fügt Martin beruhigend hinzu. „Sie brauchen eher etwas Richtiges zum Essen!"

„Was nutzt es, wenn wir auf das Ferkel verzichten und niemand am Ende etwas davon hat."

„Wir können das Ferkel also behalten!" Mutti atmet auf und blickt hinüber zu dem kleinen Schrank, auf dem das Ferkel steht und sicher zum Glück nichts davon mitbekommen hat, daß es fast geopfert worden wäre.

„Ich hatte euch ja für nächsten Sonntag zum Herbstrummel eingeladen!" sagt Vati dann.

Da stimmen Ann und Martin begeistert ein, denn darauf freuen sie sich schon lange.

„Wir wollten zusammen essen gehen!"

Die Kinder überstürzen sich fast.

„Richtig zu Mc Donald!"

Mc Donald wird sonst immer ausgeklammert, weil Vati und Mutti wenig von Fast Food halten.

„Auf dem Rummel soll es ein Riesenriesenrad geben!"

„Und eine große Achterbahn!"

„Sogar ein Dinosaurier-Karussell!"

„Es wird sicher sehr teuer für mich werden!" sagt Papa dann.

„Versprochen ist versprochen!" rufen Ann und Martin gleichzeitig.

„Und wenn wir darauf verzichten würden?" Papa lächelt ein bißchen.

„Warum willst du denn unseren schönen geplanten Ausflug opfern?" fragt Martin ungläubig. Er hat sich so auf einen Big Hamburger gefreut.

„Na, Ann?" fragt Mutti.

„So haben die das heute morgen im Kindergottesdienst nicht gemeint!" Ann schüttelt immer wieder den Kopf.

„Wir können es uns ja noch überlegen!" meint Papa. „Bis nächsten Sonntag haben wir Zeit!"

„Wieviel Geld könnten wir dann abgeben?" fragt Martin. „Jeder von uns fünfzig Mark?"

„Ich glaube noch mehr!" sagt Mutti.

„Und was machen wir dann am Sonntagnachmittag?" fragt schließlich Ann.

Da schreit Martin los: „Du hattest uns doch noch eine Radtour versprochen!"

„Genau!" sagt Vati.

„Und Radtouren kosten nichts!" meint Ann und beginnt sich auf einmal zu freuen. Einmal darauf, daß jeder von ihnen etwas in den Gottesdienst mitbringt, was bestimmt dort gebraucht wird, wo die Menschen es nicht so gut haben wie hier bei uns.

Zum anderen aber auf die Radtour mit Martin und den Eltern.

Wenn Sie gerne mit Bilder umgehen, dann überraschen Sie die Eltern mit einer kleinen Dia-Schau, in der Sie ihnen die ersten Wochen ihrer Kinder im Kindergarten vorstellen. Ein Film mit 24 oder 36 Aufnahmen reicht dafür schon aus. Achten Sie bei der Auswahl aber darauf, daß jedes Kind mindestens einmal auf einem Bild zu sehen ist. Und wenn Sie die Bilder mit ein paar Hinweisen und lustigen Akzenten vorstellen, schafft das von Anfang an eine gute Stimmung. Natürlich können Sie auch ein paar Videoaufzeichnungen vorstellen. Aber die „Guckkastengröße" von Videos eignet sich nicht besonders für viele Zuschauer. Für fernsehgewöhnte Eltern stellen Videos nicht unbedingt etwas Besonderes dar, zumal man sich anstrengen muß, die eigenen Kinder bei dem Gewusel im Kindergarten zu erkennen. Dagegen stellen große Dias – früher alltäglich – inzwischen schon wieder die Ausnahme dar. Zudem kann jedes einzelne Dia so lange auf der Leinwand bleiben, wie es die Eltern wünschen. Rechnen Sie aber damit, daß eine ganze Reihe Eltern nach dem Abend zu Ihnen kommen und um Abzüge bitten.

Eine andere Möglichkeit, die viel Spaß macht und schnell für lockere Stimmung sorgt, ist der Einsatz von Kinderzeichnungen: Sie haben die Kinder angeregt, einmal auf einem großen Blatt ihre Eltern zu malen. Die Bilder stellen Sie am Elternabend den Eltern vor.

Ich war so gespannt auf Sie. Wie Sie aussehen, wie Sie sind. Da habe ich die Kinder gebeten, Sie einmal zu malen. Die Ergebnisse habe ich mitgebracht. Nun wollen wir hoffen, daß Sie in den Bildern eine gewisse Ähnlichkeit mit sich erkennen.

Nach dem Bild von der Sabine Müller muß ihr Vater größer als ihre Mutter sein. Stehen Sie doch bitte einmal auf, Frau Müller und Herr Müller. Und einen Schnurrbart haben Sie auch, Herr Müller. Den hat Ihre Tochter natürlich auch gezeichnet. Und einen Hund haben Sie noch! Einen riesengroßen schwarzen Hund!

Die Müllers lachen laut, und Frau Müller sagt: „Nein, wir haben keinen Hund. Aber einen großen schwarzen Hund wünscht sich unsere Sabine schon lange!"

Jetzt zeigen Sie das nächste Bild. Dabei können Sie darauf setzen, daß die nächsten Eltern gleich frei und gelöst mitmachen. Die Müllers waren zuerst dran. Sie hatten es am schwersten, weil sie die ersten waren. Aber sie haben auch den Bann gebrochen und haben es leichter für die gemacht, die ihnen nun folgen.

Informationsteil

Sicher haben Sie alles notiert, damit Sie keine wichtigen Dinge vergessen. Das ist gut so! Aber lesen Sie keine fertig formulierten Sätze ab! Das ermüdet Ihre Zuhörer. Hinzu kommt, daß man, wenn man im Vorlesen nicht geübt ist, meistens zu schnell und zu leise liest. Und das, was Sie den Eltern sagen wollen, ist doch wichtig.

Also benutzen Sie nur *Stichworte* zu den einzelnen Schwerpunkten.

Sie können diese Stichworte in Ihren ausformulierten Sätzen auf dem Papier mit einem farbigen Markierungsstift, einem Textmarker, oder durch Unterstreichen so hervorheben, daß sie Ihnen direkt ins Auge springen.

Sie können auch nur die Stichworte aufschreiben und sich darauf verlassen, daß Sie intelligent genug sind, um dann aus dem Stegreif selbst zu formulieren, was Ihnen zu diesem Stichwort einfällt.

Der erste Elternabend für die Eltern der „Neuen" ist ein vorwiegend informativer Abend. Ihr Spickzettel:

1. Was die Kinder bisher gemacht haben
   Kennenlernen, erste Kreisspiele, Spiele mit Bauklötzen und Großbausteinen, im Spiel die Namen der andern Kinder kennenlernen, gemeinsames Frühstücken, Toilettengang, Geschichten hören und erzählen (welche), freies Spiel, erste Spaziergänge (zur Pferdeweide), Sammeln für die Erntedankfeier im Kindergarten.

2. Planungen bis Weihnachten
   Martinsumzug mit dem ganzen Kindergarten. Wer kommt an einem Abend zum Laternenbasteln? Termin mit den Eltern festlegen!
   Bastelabend im Advent mit den Eltern für einen Bazar. Interesse feststellen.
   Advents- oder Weihnachtsfeier. Termin 20. 12. Beginn um 15 Uhr im Kindergarten.
   Einige Eltern aus den anderen Gruppen wollen ein Spiel für die Kinder einüben und ihnen vorspielen. Hat jemand Lust mitzuspielen? Namen!
   Gemeinsamer Anfang mit einem Morgenkreis. Davor freies Spiel, Bauen mit den Kindern, die bereits früher da sind. Bitte dafür sorgen, daß alle zu Beginn des Morgenkreises auch wirklich da sind.
   Soll der Nikolaus persönlich in den Kindergarten kommen? Wer könnte ihn spielen?
   Adventlicher ökumenischer Familiengottesdienst mit dem Kindergarten am 1. Adventssonntag. Eingeladen sind: Krabbelgottesdienst- und Kindergottesdienstkinder, dazu alle Eltern usw.

Das alles sind nur Beispiele, die Sie durch Ihre eigenen Planungen und die Planungen Ihres Kindergartenteams ersetzen müssen. Wichtig ist nur, daß Sie alle Punkte vorher aufschreiben und dafür sorgen, daß das, was jetzt hier eventuell beschlossen wird (Termine, Name von einem Vater, der vielleicht den Nikolaus spielen würde) aufgeschrieben wird. Wenn es um den Nikolaus geht, sollten Sie bereits jetzt deutlich machen, daß es Ihnen niemals um ein angsteinflößendes Monstrum geht, sondern um den Nikolaus, wie er aus der christlichen Tradition bekannt ist – ebenso wie Sankt Martin, an den wir uns am Martinstag im Kindergarten regelmäßig erinnern.

In jedem Fall sollten Sie auch kurz berichten, wie der Tageslauf im Kindergarten aussieht, wozu Sie die Kinder konsequent anhalten, ob die Möglichkeit besteht, daß einzelne Kinder noch schlafen dürfen usw.

Sie müssen auch konsequent aussprechen, daß Sie Pünktlichkeit erwarten: Die Kinder müssen pünktlich gebracht und ebenso pünktlich wieder abgeholt werden. Sollten sie zu früh dasein, müssen die Eltern mit ihnen vor dem Kindergarten warten, bis Sie kommen. Wenn die Kinder mittags oder nachmittags nicht pünktlich abgeholt werden, beschneidet das unter Umständen ihre eigene Freizeit. Geben Sie deshalb die genauen Zeiten deutlich bekannt.

Geben Sie dann, wenn Sie alle Ihre Punkte vorgetragen haben, den Eltern ausreichend Zeit zum Fragen, Nachfragen und zu weiteren Äußerungen und Gesprächen. Sollten die Eltern zu stark mit ganz persönlichen Problemen in die Runde kommen, brechen Sie dies möglichst taktvoll ab und verweisen Sie darauf, daß Sie ihnen anschließend an diesem Abend oder auch sonst zu einem abgesprochenen Termin gern für ein Gespräch zur Verfügung stehen.

Beiratswahl

Meistens endet dieser erste Elternabend mit der Wahl des Vertreters oder der Vertreterin des Kindergartenbeirates.

Ziel ist es, einen oder zwei Mütter oder Väter als VertreterInnen Ihrer Gruppe zu wählen. Es empfiehlt sich, zu diesem ersten Elternabend mit den neuen Eltern den Sprecher bzw. die Sprecherin des gesamten Kindergartenbeirates einzuladen. Er bzw. sie wird sicher gern etwas aus der Arbeit des Beirats berichten und gleichzeitig die Eltern um ihre Mitarbeit im Interesse des Kindergartens bitten. Das ist in jedem Fall wirksamer, als wenn Sie selbst darum bitten. Eltern lassen sich von anderen Eltern leichter zur Mitarbeit bewegen. Und je besser Ihr Kindergartenbeirat funktioniert, um so günstiger ist das für den Kindergarten. Viele Probleme inhaltlicher, organisatorischer wie allgemeiner Art können zusammen mit dem Beirat leichter gelöst werden.

Die Wahl ist offen oder geheim – je nach allgemeinem Wunsch. Die offene Wahl läßt sich zwar etwas schneller durchführen. Trotzdem ist die geheime Wahl vorzuziehen, weil sie sachlicher ist. Alle Unterlagen sollten aufgehoben werden.

Wenn Sie selbst und der Vertreter bzw. die Vertreterin des Kindergartenbeirates als Wahlleiter bzw. Wahlhelfer agieren, brauchen Sie zur Wahl nichts weiter als die notwendigen Stimmzettel (Zettel aus dem Zettelkasten, auf der Rückseite mit dem Kindergartenstempel versehen), einen Kasten als Wahlurne und ausreichend Stifte bereitzuhalten.

Es können in einem Wahlgang SprecherIn und VertreterIn gewählt werden. Es kann auch für beide je ein gesonderter Wahlgang durchgeführt werden.

Durch Zuruf werden die Namen genannt, die dann vom Wahlleiter aufgeschrieben werden. Wer genannt wird und bereit ist, die Aufgabe zu übernehmen, muß dies zum Ausdruck bringen und sagen, daß er im Fall seiner Wahl die Wahl annimmt. Von den anwesenden Eltern ist immer nur ein Elternteil wahlberechtigt. Das heißt, daß sich beide Eltern absprechen und dann eine Stimme abgeben.

Wenn beide Vertreter in einem Wahlgang gewählt werden, ist anschließend die Person, die die meisten Stimmen erhalten hat, Elternvertreter bzw. -vertreterin dieser Gruppe. Wer die zweitmeisten Stimmen hat, ist StellvertreterIn.

Bei zwei Wahlgängen wird zunächst der/die ElternsprecherIn, dann der/die StellvertreterIn gewählt. Wer jeweils die meisten Stimmen hat, ist somit gewählt.

Der Wahlleiter bzw. die Wahlleiterin sollte dann eine kurze Wahlniederschrift machen:

Beispiel:

Wahl der Eltern der Anfängergruppe zum Kindergartenbeirat am 10. 09. 19...

Beginn der Wahl: ________ Ende der Wahl: ________

Anwesend: 36 Eltern
Frau Schmidt, Erzieherin
Frau Reingold, Kindergartenleiterin
Frau Ringsdorf, Sprecherin des Kindergartenbeirats

Stimmberechtigt: 21

Es wurden als Elternsprecher vorgeschlagen:
1. Frau Huber
2. Frau Pedain
3. Herr Winter

In geheimer Wahl wurde Frau Elke Huber, Mittelfeldstraße 17, Schöndorf zur Elternvertreterin mit 14 Stimmen gewählt.

Als Stellvertreter wurden vorgeschlagen:
1. Frau Pedain
2. Herr Winter
3. Frau Zöllner

Zur Vertretung von Frau Huber wurde Herr Paul Winter, Am Schönblick 7, Schöndorf mit 16 Stimmen in geheimer Wahl gewählt.

Beide Eltern nehmen die Wahl an.

Wahlleiterin: Ute Ringsdorf, In der Gasse 33, Schöndorf

Die Wahlniederschrift kommt mit den Stimmzetteln zu den Akten.

Sie müssen dann dafür sorgen, daß am nächsten Tag Ihrem Träger das Ergebnis der Wahl mitgeteilt wird. Auch dies muß schriftlich erfolgen.

Beispiel:

Nikolaus-Kindergarten
Auf der Wiese 27
76554 Schöndorf

Evangelische Kirchengemeinde Schöndorf
Herrn Pastorin Petra Kollmar
Ev. Pfarramt

11. 09. 19__

Sehr geehrte Frau Kollmar,

ich teile Ihnen hiermit die Veränderung des Kindergartenbeirates mit, die sich durch den Abgang der Schulanfänger und die Neuaufnahmen ergeben hat.

Nicht mehr vertreten sind:
Herr Guntram Müller, Ludwigstraße 7
Frau Marlene Rannenberg, Am Wiesacker 16

Neu gewählt wurden in der Elternversammlung
am 10. 09. 19__
Frau Elke Huber, Mittelfeldstraße 17, Schöndorf
und als deren Vertreter
Herr Paul Winter, Am Schönblick 7, Schöndorf

Mit freundlichem Gruß

Ute Ringsdorf (Sprecherin des Kindergartenbeirates)
Inge Schmidt (Leiterin des Kindergartens)

Ausblick

Wenn es Ihnen gelingt, die Eltern Ihres Kindergartens wirklich zu aktivieren, haben Sie die besten Möglichkeiten, den Kindern ein Höchstmaß an Förderung zukommen zu lassen.

Die Eltern werden mit Ihnen für neues Spiel- und Beschäftigungsmaterial, für bessere Arbeitsbedingungen hier im Kindergarten, für einen besseren Etat bei Ihrem Träger kämpfen. Sie können sich dort einsetzen, wo Sie von ihren Vorgesetzten und Trägern eingeschüchtert werden, weil Sie ja von ihnen abhängig sind. Der Kindergartenbeirat ist für Sie ein überaus wichtiger Partner, dem Sie sich jederzeit anvertrauen können, weil er auf Ihrer Seite steht.

Eine aktive Elternschaft bedeutet allerdings auch für die Erzieherinnen eines Kindergartens, aktiv zu sein, Engagement zu zeigen, Angebote zu machen, um Kindern und Eltern gerecht zu werden.

Gemeinsam macht es Spaß, ein Laternenfest, eine Adventsfeier, den Drei-Königs-Umzug vorzubereiten und zu gestalten. Feste werden zu Höhepunkten für den ganzen Kindergarten und seine Eltern, weil sich die Eltern nicht nur einladen lassen, sondern sich intensiv daran beteiligen, z. B. die Essenszubereitung übernehmen, einen Trinkstand einrichten, verschiedene Spiele anleiten, Bastelarbeiten anbieten usw. Mit dem Pfarrer/oder Pfarrerin und Ihnen planen die Eltern vielleicht einen Familiengottesdienst, eine Wanderung, eine Besichtigung, eine Nacht im Kindergarten mit anschließendem Frühstück, eine große Fastnachtsfeier für Eltern und Kinder.

Wenn Ihre Eltern mit dabei sind, dann können Sie es auch einmal wagen, eine Spielzeugausstellung anzubieten und sich über den Unterschied zwischen wertvollem und wertlosem Spielmaterial und über das bei vielen Jungen so beliebte Horrorspielzeug auseinanderzusetzen. Die Spielwerkstatt *Rhinozeros* bietet zu verschiedenen Themen

(Umweltspiele, Agressivität im Spiel, selbstgemachtes Spielzeug) Informationsabende für Eltern, aber auch Kurse zur Weiterbildung von Erzieherinnen für die Elternarbeit an. Sie können Informationsmateriel (bitte Rückporto beilegen) anfordern bei: Spielwerkstatt Rhinozeros, Holsterhauserstr. 73 in 45147 Essen. Weitere Spielzeugausstellungen werden von *Ökotopia* (Hafenweg 26, 48155 Münster) angeboten, die von den Spielpädagogikreferenten des Kölner Instituts für Pädagogik und Spiel (KIPS) zusammengestellt werden.

Wenn Ihre Eltern Ihre Arbeit mittragen, dann wird es sogar möglich, einmal eine Bilderbuch-Zeichnerin, einen Zauberer, eine Märchenerzählerin, einen Liedermacher in Ihren Kindergarten einzuladen.

Die Eltern der Kinder, die heute in den Kindergarten gehen, sind aufgeschlossener und engagierter als dies bei früheren Generationen der Fall war. Auch viele Väter haben inzwischen entdeckt, daß es wichtig ist und sogar Spaß macht, sich an Aktionen des Kindergartens zu beteiligen. Nützen Sie also die Gunst der Stunde! Ich wünsche Ihnen viel Erfolg dabei.

Notizen

Notizen

Rolf Krenzer

Schulanfang

Hilfen zur Vorbereitung

84 Seiten, kartoniert – ISBN 3-7806-2380-3

Zur Reihe „Tips und Themen: Kindergarten“

In der Reihe von Rolf Krenzer „Tips und Themen: Kindergarten“ sollen Erzieherinnen ermutigt werden, den Lebensraum Kindergarten möglichst weit zu fassen, sich einerseits selbstbewußt nach außen zu öffnen und andererseits so viel „Außenwelt“ wie möglich in die Arbeit im Kindergarten zu integrieren.
In jedem Buch der Reihe steht ein Anlaß im Mittelpunkt, der sich eignet zu vielfältigen Kontakten zwischen dem Kindergarten und Elternhaus, Schule, Kirche, Gemeinde oder Umwelt.
Rolf Krenzer, der über reiche praktische Erfahrungen verfügt, macht neben grundlegenden theoretischen Überlegungen zu jedem Anlaß viele Vorschläge und gibt Beispiele zur Planung und Durchführung.
Der Übergang vom Kindergarten zur Schule ist ein bedeutender Einschnitt im Leben des Kindes. Erzieherinnen können viel dazu beitragen, daß sich der Wechsel in einer ermutigenden, angstfreien Atmosphäre vollzieht.
Rolf Krenzer zeigt, auf welche Weise Kontakte zur Grundschule geknüpft, gegenseitige Besuche organisiert und gemeinsame Unternehmungen durchgeführt werden können. Er gibt viele Beispiele partnerschaftlichen Zusammenarbeitens, in die auch die Eltern miteinbezogen sind.
Ein ausgeführtes Abschlußfest des Kindergartens für die kleinen Schulanfänger runden das Buch ab.